자존감건축

자존감건축

오신욱

오신욱,
지역의 건축가로

부산에서 태어나 무뚝뚝하게 학창 시절을 보내고, 대학에서 건축을 공부하면서 지역의 건축을 배우지 못하고 국제적 건축만을 바라보는 학습을 하였다. 건축설계 이론으로 박사학위를 받으면서 건축 디자인의 방법과 가치를 배울 수 있었다. 대학원 시절 작명한 라움(Raum)이라는 이름으로 설계사무실을 차린 후 지금까지 평평하기보다는 입체적인 공간을 추구하고 선험적 형식보다 주변과 함께 다중적인 의미가 있는 건축을 실천하고 있다.

팀원 여러 명을 이끌면서 시작한 건축은, 배운 대로 국제적인 방법과 형식으로 결과를 만들었지만 스스로 만족할 수 없었고 좋은 평가를 받을 수도 없었다.

시간이 흐를수록 우리의 지역인 부산을 들여다보게 되었고 서서히 작품에도 지역의 특성을 담게 되었다. 그 결과, 부산에 만들어진 작품들로 대한민국 신진건축사대상(최우수상), 한국건축문화대상(대통령상) 등 다수의 건축상을 받았고, 점점 활동 무대가 부산을 넘어서고 있다.

건축이 국제적인 트렌드를 따르지 않고 지역의 가치에 집중해야 한다는 사실을 굳게 믿고 있으며, 건축의 예술적 가치가 중요하다는 것과 건축이 만들어내는 공간의 힘으로 이용자의 삶이 변할 수 있다고 믿는다.

이제는 지역의 건축가로서 20여 년간을 지내오면서 완수했던 작업과 활동을 되돌아보며, 건축에서 얻은 자존감에 대한 이야기를 허심탄회하게 나누어보고자 한다.

자존감

자존감에 관심을 가지게 된 것은
사무실 초기 아주 작은 규모의 건축을 시작하면서이다.
특히 예산이 넉넉하지 않은 작업을 여러 번 경험하면서
우리의 자존감이 무엇보다 중요함을 알게 되었다.
건축에서 자존감을 지킨다는 것은
'건축보다 사람이 우선이다.' 라는 가치를 드러내는 것이다.
작은 건축일수록 자존감을 더 채워줘야 하며
그에 따라 나타나는 성과도 크다.
자존감이 보장되는 건축은 우리의 삶을 위로한다.
나는 건축이 인간의 자존감과 어떤 관계가 있는지에 대해
고민을 이어가고 있다.
그리고 건축에서 자존감을 높일 수 있는 방법을
계속하여 찾고 있다.

목 차

1   프롤로그 • 10

       건축과 자존감 • 12

2   자존감을 잃은 지방 건축 • 16

       지방 건축이라 불리는 것 • 18

       메가트렌드와 지방 • 22

       건축에서의 지방성과 자존감 • 25

       지방 건축의 발버둥 • 28

       건축가들의 자존감은 어디에서 오는 것일까? • 31

3   절반으로 채운 온전함 • 34

       20세기의 꿈: 내 집 마련 • 50

       자투리땅과 틈새 찾기 • 52

       작지만 큰집: 월내 반쪽집 • 54

       반쪽집 그 이후: 창고의 탄생 • 62

       진숙이네: 절반으로 온전함을 채우다. • 64

4   오래된 시간에서 되찾은 자존감 • 70

부산의 구조: 산복도로 • 96
역사, 풍토와 대화하다: 초량 • 101
이슬 씨의 도시민박, 모닝듀 • 104
오래된 골목길, 비꼴로(Vicolo) • 110
유로폼 노출콘크리트: 저비용 공법 • 114
비꼴로가 만들어낸 작은 변화의 물결 • 117

5   함께 살아감의 가치 • 122

아파트 불장과 다세대주택 • 144
건축가 VS 업자 • 147
각자의 꿈을 실현하는 다세대주택 • 151
모여가: 여덟 가구 30명이 모여서 집을 짓다. • 153
새로운 도시 주거의 대안으로 • 167

6   다르게 보는 순간의 희열 • 170

도심의 새로운 땅: 옥상 • 186
옥상라움 • 187
옥상의 변신과 활용 • 191

7   에필로그 • 196

자존감을 찾아가는 건축 • 198

1

프롤로그

건축과 자존감

우리 사회에서 삶의 성취와 행복의 기준으로 오랫동안 여겨져 온 것은 '내 집 마련', '결혼', '취업', '노후 준비' 등이다. 하지만 현실은 좋은 직장에 취업하기도, 결혼하기도, 내 집을 장만하여 노후를 대비하기도 어렵다. 특히 우리나라 도시의 집값은 이제 따라잡을 수 없을 정도로 올라 버렸다. 젊은 부부들이 직장 생활을 하면서 10년간 한 푼도 쓰지 않고 모아도 집을 살 수 없는 상황이다. 그러다 보니 빚투(상대적으로 뒤처지기 싫어서 빚으로 투자하는)나 영끌(집을 사기 위해 모으고 모아서 영혼까지 끌어모으는)로 아파트를 사는 사람들과 이런 현실에 낙담하여 스스로 욜로족(YOLO)[01]임을 자처하는 이들이 늘어나고 있다. "개천에서 용 난다"라는 속담은 이제 옛말이 되었고 금수저니 흙수저니 하면서 태생적으로 부모로부터 신분과 재력을 물려받은 이들 외에는 내 집을 마련하거나 경제적 독립을 시도하는 것이 어려워졌다. 그래서 많은 젊은이들이 미래에 대한 희망이 없다고 믿으면서 주어진 일상에서 소소한 즐거움을 찾거나(소확행[02]) 현재의 나를 위해 모든 것을 투자하고 즐기는 것(욜로족)에 위로받게 되었다. 이러한 경향은 우리 사회의 모

---

01 '인생은 한 번뿐이다'를 뜻하는 You Only Live Once의 앞 글자를 딴 용어로 현재 자신의 행복을 가장 중시하여 소비하는 태도를 말한다. 미래 또는 남을 위해 희생하지 않고 현재의 행복을 위해 소비하는 라이프 스타일이다. 욜로족은 내 집 마련, 노후 준비보다는 지금 당장 삶의 질을 높여 줄 수 있는 취미생활, 자기 계발 등에 돈을 아낌없이 쓴다.

든 분야에서 발생하며 그에 따른 소비가 집중되고 있다. 하지만 우리 부모들이 그랬듯이 내 집을 마련하는 것이 일정 시간의 노력으로 실현 가능하다면 일상의 소소한 즐거움과 현재 바로 누릴 수 있는 행복만을 우선시하는 젊은이들도 눈앞의 즐거움은 잠시 미룰 수 있을 것이다. 그리고 삶의 큰 비중을 차지하는 주거와 불가능하다고 생각하던 내 집 마련도 건축이라는 무궁무진한 공간적 해법을 통해서 꿈에 머무르지 않고 현실이 될 수 있을 것이다. 최근의 집짓기 열풍과 예능 프로그램의 주제가 '먹방'에서 '집방'으로 흘러가는 것만 보더라도, 우리가 진짜 꿈꾸는 대상이 집과 건축에 있음을 짐작할 수 있다. 그래서 내 집을 가지고 고치고 새롭게 짓는 것에 대한 사회적 관심이 높아지고 있으며, 우리의 자존감에 주는 영향도 점점 커지고 있다. 만일 우리가 사는 도시에서 작지만 자기 집을 소유할 수 있는 방법을 안다면, 소확행과 같은 소소한 일상을 잠시 미룰 수 있을 것이다. 그리고 나만의 행복을 누리기 위한 공간을 갖기 위해 노력할 수 있을 것이다.

이 글은 우리가 살아가는 도시와 건축을 다시 살펴보면서 어렵지 않게 자기 집을 소유할 수 있는 방법을 찾았던 경험을 소개한다. 몇 개의 프로젝트를 소개함으로써 집을 소유하게 된 사례와 회복된 자존감을 공유하고, 건축이라는 행위와 과정을 거쳐 우리가 지니고 있던 다양한 결핍과 한계를 극복하게 된

---

02   2018년 대한민국 소비 트렌드로 선정된 소확행은 크지만 성취가 불확실한 주택 구입, 취업, 결혼 등과 같은 행복을 추구하는 것보다 작지만 성취하기 쉬운 일상의 소소한 행복을 추구하는 삶의 경향과 행복을 말한다. 원래는 일본 소설가 무라카미 하루키(村上春樹)의 에세이(1986)에서 쓰인 말이다.

이야기를 담았다. 땅을 찾거나 집을 짓는 과정을 거쳐 자신의 결핍을 인정하고 이를 스스로 극복하게 된 우리 이웃들의 사연은 현재 한국 사회에 작지만 큰 울림을 줄 것이다. 그리고 이 이야기는 내가 건축을 시작하면서부터 지금까지 겪어온 많은 일 중에서 건축을 매개로 자존감을 올리고 나의 해묵은 결핍을 채운 경험에 대한 것이다. 나는 이 경험들이 우리 사회를 치유하는 시작점이 될 것이라 믿는다. 특히 몇 개의 프로젝트를 추진하는 과정에서 보고 느낀 그들의 이야기 속에서 우리 사회에 던질 수 있는 메시지를 찾으려고 한다. 이 메시지가 작지만 선한 영향으로 뉴노멀 세대[03]뿐 아니라, 386세대까지 모두가 자신감을 갖게 되는 계기가 되길 바란다. 그리고 두려움 없이 즐거움으로 건축에 뛰어들어서, 건축물이 완성되는 것처럼 우리의 결핍과 상처들을 치유하길 기대한다.

이 책에서 소개할 나의 이야기는 건축을 해오면서 겪어온 수많은 싸움과 자존감을 회복한 경험에 대한 것들이다. 바꿔 생각하면 '모든 인류의 성장은 그 결핍에서 시작된다.'라는 말처럼 개인적으로는 나의 결핍, 의뢰인의 결핍, 그리고 부산이라는 지역의 결핍이 우리의 자존감과 현재의 건축을 성장시켰다고 할 수 있을 것이다.

---

03 시대의 변화에 따라 새롭게 부상하는 경제적 기준이나 표준을 말한다. 새로운 기준이나 새로운 일상을 중시하는 2030 세대를 말한다.

2

자존감을 잃은 지방 건축

지방 건축이라 불리는 것

동경 시내의 외곽에 위치하는 무사시노(武蔵野)시의 키치죠지(吉祥寺)는 일본 사람들이 '가장 살고 싶어 하는 동네' 1위를 차지한 곳이다. 이곳은 대도시의 고층 빌딩이나 대규모 상업시설은 없지만 가로를 중심으로 작은 아이디어와 취향이 반영된 주거와 편의시설이 함께 공존하고 있다. 방문해보면 대도시의 외곽임에도 불구하고 전혀 지방(시골의 한적한 동네) 같지 않다. 오히려 자생적인 소규모 재생의 결과로 사람들이 서브컬처(Sub Culture)를 누릴 수 있는 살기 좋은 여건들이 갖춰져 있으며, 소소한 골목과 잘 정비된 작은 공방, 상점, 식당들이 매력적으로 늘어서 있다. 그래서 소확행을 위해 이주해오는 주민들과 관광객이 끊이질 않는다.

일본의 또 다른 도시 교토의 이치죠지(一乘寺)는 엄밀히 말하자면 일본의 지방이며 교토에서도 한적한 교외이다. 하지만 이 동네는 몇 가지 이유로 국제적으로 유명해지고 있다. 우선 2010년 영국 가디언지에서 선정한 '세계에서 가장 아름다운 서점 10곳'에 선정된 게이분샤 책방이 있다. 이곳을 가기 위해서는 아주 오래된 전철을 이용해야만 한다. 그리고 이곳에는 예스러운 공방, 상점, 식당 등이 있으며 각각 지역적 특징을 잘 살린 프로그램이 있어 외지인의 발길이 이어진다. 그래서 이 지역은 낙후된 지방과는 다르게 외곽이면서도 다른 도시와의 경쟁에서 조금도 뒤처지지 않는 명소가 되었다.

일본의 수도가 아닌 오사카와 교토 지방은 동경의 수도권에

이치죠지의 게이분샤 책방

비해 하위의 어감으로 지칭되지 않는다. 앞서 언급한 일본의 두 지방 도시만 보더라도, 수도권 이외의 도시도 수도권과 대등한 도시 경쟁력을 갖는다. 반면 한국의 지방 도시는 어떠한가? 서울과 경기 수도권은 점점 확장되어 발달하고 있으나 부산이나 대구 등의 지방 도시는 수도권에 비해 부족한 지역으로 인식되고 있다. 그 이유는 한국에서 지방을 비주류로 보는 관점이 전제되어 있기 때문이다. 그래서 수도권을 제외한 거의 모든 도시는 규모나 경제적 측면에서 수도권에 비해 뒤처지는 지방이라는 인식이 고착화되고 있다. 그 결과 지방은 기회나 가치가 부족하여 먹고살기 힘든 곳으로 여겨지고, 사람들은 먹고살기 좋은 곳을 찾아 서울과 수도권으로 떠난다. 이러한 현상 때문에 인해 지방 도시들에는 점점 비어가는 건물들이 많아지고 있다. 점차 지방 도시는 경쟁력 없는 곳으로 전락해 간다. 깨진 유리창(Broken Windows Theory)이란 이론이 있다. 이 이론은 미국 범죄학자 제임스 윌슨(James Wilson)

과 조지 켈링(George Kelling)이 1982년에 발표한 '깨진 유리창[04]'에서 유래하였다. 동네에서 어느 집의 깨진 유리창 하나를 방치하면 다른 유리창도 깨져나간다고 한다. 아무도 관리하지 않는 건물이라 생각하고는 더 함부로 망가뜨린다는 것이다. 도시도 유리창이 깨진 집과 다르지 않다. 우리의 지방 건축과 지방 도시도 방치할수록 경쟁력이 더 약화되고, 점차 심각한 수준으로 도태될 것이다.

지역보다는 하위의 어감을 가진 '지방'이라는 용어에서 이미 그 수준과 가치를 낮게 치부하는 느낌을 지울 수 없다. 이는 지방이라는 용어가 정치적·경제적 관점으로 고착되어 있고, 건축 역시 정치, 경제와 밀접하여 '지방 건축'이라 불리는 것이 불쾌하지만, 현실적으로 가치나 디자인 수준이 뒤처지는 것은 사실이기 때문이다. 그렇다고 어떤 건축을 지방 건축이라 정의할 수 있겠는가? 그 누구도 자신 있게 말할 수 없다.

최근 SNS를 중심으로 오랜 관행으로 쉬쉬해온 설계공모전의 공정성에 대한 논쟁이 있었다. 한 지방의 지자체에서 진행한 공모전의 심사 후 채점표가 공개되면서 심사 결과에 대한 공정성 시비가 시작되었다. 건축설계 분야를 제외한 다른 모든 분야의 채점표에서 당선업체는 모두 10점 만점을 기록하였다. 이에 대해 공모전 제출 후 심사 전에 심사위원을 찾아가 사전 설명했거나 평소 심사위원들과의 친분 관리를 돈독히 해

---

[04] 1982년 '월간 애틀랜틱(The Atlantic Monthly)'에 발표한 깨진 유리창(Fixing Broken Windows: Restoring Order and Reducing Crime in Our Communities)

온 결과라는 비판들이 많다. 전국 공모전과 비교해 지자체 발주의 공모전에서 이런 일이 이따금 발생한다. 이 사건은 지방 건축계의 촌스럽고 유치한 관행을 보여주는 단편적인 사례라 할 수 있다. 심사위원의 큰 비중을 차지하는 일부 교수들이 평소 친분이 있거나 사전에 찾아와서 접대하는 건축가의 작품에 손을 들어주는 것이라는 비판도 있다. 또한 전국적으로 공공건축가 제도가 확장되고 있음에도 불구하고 지역에서는 왜 그 지역의 건축가를 총괄 건축가로 선정하지 않는가? 대부분 수도권의 유명한 건축가에게 먼저 의사를 타진하고 그 결과에 따라 총괄 건축가를 선정하기 때문에 대부분 수도권의 유명 건축가가 자리를 차지한다. 유독 지방에서는 공무원이나 대학 교수들이 그 지역에서 활동하는 건축가들의 실력을 의심하거나 지역에 등록한 건축가를 사회적 위치와 소양이 부족한 단순 업자로 생각하는 난감한 경우들이 있다. 이는 중앙 바라보기에 젖어있는 지방 학계나 공무원, 발주처의 나쁜 풍토 때문이다. 지방에서 활동하는 건축가들을 제대로 인정않는 태도를 비롯하여 공모전의 심사에서 특정 업체에 몰표를 주는 행태 그리고 서울 유명 건축가나 상위권 대학의 교수를 조건 없이 추종하는 분위기 또한 지방 폄하의 기조에 일조하고 있다.

메가트렌드와 지방

4차 산업혁명이라는 메가트렌드가 세계적인 화두가 되고 있다. 이러한 특정 메가트렌드 현상은 오래전부터 한국 건축계를 뒤덮고 있었다. 건축의 디자인 유형, 재료의 사용, 색상, 프로그램, 개발 방향 등의 성공 경향은 서울과 수도권에서 시작하여 각 지방으로 퍼지면서 메가트렌드가 된다. 그래서 부산 인근 양산의 물금신도시에서 서울 건축가의 작품은 쉽게 볼 수 있다. 하지만 경기도 파주에서 부산 건축가의 작품을 찾기는 쉽지 않다. 특정한 취향에 대한 요구가 지방에도 있지만 지방에서는 그 취향을 구현할 수 없을 것이라는 인식 때문에 이러한 현상이 발생한다. 서울시의 홍대거리, 서촌, 경리단길, 가로수길 등은 이미 핫플레이스로 널리 알려져 있고, 여기에 연남동, 망원동, 해방촌, 익선동, 중림동, 봉천동 등도 빠르게 부상하였다. 이런 방식의 지역 재생 바람이 한국의 도시 건축의 주류가 되었다. 지방의 공공건축물이나 민간의 대형 건축물에서도 메가트렌드를 추종하는 현상이 많이 나타난다. 그래서 수도권의 메이저 설계업체의 결과물, 대기업 자본이 투입되는 사업과 건축물, 또는 이른바 해외 유명 설계자 모셔오기 행정이 많아지고 있다. 하지만 이렇게 메가트렌드를 좇은 결과가 항상 성공을 보장하는 것이 아니라는 점은 쉽게 입증된다. 특히 지방에서 단순히 메가트렌드를 답습하는 것으로 사업을 성공한 사례는 많지 않다. 이는 지방만의 정서, 행태, 예산, 프로그램을 제대로 이해하고 진행하지 않은 탓이다.

균형은 '어느 한쪽으로 치우치지 않는 상태'를 말한다. 지방과 수도는 어느 한쪽으로 치우치지 않게 균형을 유지해야 하며 건축과 도시 역시 그러해야 한다. 과연 건축에서도 균형을 유지하면서 발전하는 것이 가능할까? 지방이 한국 건축의 메가트렌드를 거스르긴 힘들다. 그렇다고 흘러가는 대로 내버려둔다면 지방이 겪게 될 후폭풍은 너무 크므로, 충격을 어떻게 중화시키고 최소화할지 고민해야 한다. 지방은 수도권의 건축계와 동등한 건축설계(비)에 대한 인식을 가지기 힘들며 건축 시공비나 사업성이 같을 수도 없다. 그리고 공간적 기능과 프로그램도 똑같을 수 없으며, 그럴 필요도 없다. 지방의 모든 도시는 수도권처럼 성장해야 하며 동일한 대우를 받아야 한다는 강박관념도 버려야 한다. 그리고 수도권과 지방이 대등하게 발전해야 한다는 오래된 주장이 '지방의 모든 곳이 수도권과 균등하게 발전해야 한다'는 비약이 되어서도 안 된다. 건축 분야에서는 경제학자들이 제시하는 방법대로 단순히 지방에 인구와 산업을 균등하게 분배해서는 지방의 건축이 수도권에 대항할 수 없다는 것이 이미 입증되었다. 지방이 수도권에 집중된 경제력과 인프라, 건축가의 숫자, 인력, 그리고 수요와 공급원의 균형을 따르기는 어렵다. 하지만 최근 우리 건축에 작은 희망이 생기고 있다. 문화, 주거, 예술, 4차 산업 분야에서 지역의 경계가 없어지고, 지방만의 장점을 찾으려는 노력이 하나둘씩 시도되고 있기 때문이다.

지방은 정치적, 경제적 패러다임에 기인한 단어로서 수도권을 제외한 나머지 지역을 명명하는 용어로 사용되었다. 그리고 지방성은 특정 지방에만 있는 기질을 뜻하는 어휘지만 아쉽게도 그 이면에는 수도권과 비교하여 하위라는 개념이 자리 잡고 있었다. 오늘날 건축에서 지역과 지방의 담론을 끌어내기 위해서는 현재까지 사용되어 온 지방의 의미를 넘어서는 새로운 정체성을 탐구해야 한다. 이 과정에서 '지방'의 의미를 새롭게 인식하고 재정립하여 그 가치가 발휘되도록 해야 한다.

현대 건축의 담론에서 사용되는 '지역성'은 긍정적 의미로 사용되고 있으나 지금까지 쉽게 사용하지 않았던 '지방 건축'이라는 단어는 선험적으로 부족함과 촌스러움 그리고 수도권에 대해 뒤처지는 건축이라는 의미를 내포하고 있다. 또한 '지역성'은 건축에서 중요한 장소의 가치를 인정하는 표현임에 반하여 '지방'은 장소적 특징보다는 수도권에서의 멀리 떨어진 위치나 거리감으로 인식되고 경제나 규모 면에서 가치가 낮은 것으로 평가되는 느낌을 지니고 있다. '지방'이라는 용어는 그 관습적 어감을 극복하고 '지방성'이라는 건축의 소중한 담론으로 성장해야 한다. 그래서 지방 건축이 가진 가치를 찾아내고 발전시키면서, 수도권에서도 인정하는 긍정적 특성과 정체성을 만들어가야 한다.

건축에서의 지방성과 자존감

네덜란드의 로테르담은 20세기 초부터 예술과 문화의 새로운 시도를 적극적으로 수용하고 이를 도시의 공간 구조나 경관 요소로 받아들였다. 보수적인 기풍이 강하게 있는 네덜란드의 수도인 암스테르담과는 매우 다른 새로운 도시의 표상을 보여 온 것이다. '항만지구의 재개발'과 '중앙역 부근의 고층 오피스 개발' 그리고 OMA[05]가 참여한 '문화중심지 구상계획' 등을 수립함으로써 지방의 한계를 극복하였고 오히려 네덜란드 수도보다 더 국제적인 도시로 성장하였다. 기존 수도권의 형식과 지향점을 따라가는 것이 아니라 오히려 수도권이 가지고 있지 않은 차별화된 도시의 정체성을 만든 사례이다.

'지방성'의 올바른 의미는 지방의 논리가 중앙의 논리에 구속되지 않고 지방의 효율이 중앙의 비효율을 극복하며 지방의 다양성이 중앙의 획일성을 수정하는 역할을 내포해야 한다. 건축에서 지방성은 중앙에서 보기 힘든 독특한 특성이나 흐름 그리고 건축의 형태나 공간, 배치 등을 차별화하는 것이다. 이를 통해 지역적인 특성이 힘을 발휘하고 중앙과 차별화되는 건축과 도시를 이루게 될 것이다. 이때 중요한 실마리가 되는 속성이 바로 지방의 자존감이다. 그렇다면 우리의 건축에는

---

05 OMA는 'Office for Metropolitan Architecture'의 줄임말로 건축가 렘 쿨하스(Rem Koolhaas)와 그의 파트너들의 설계회사이다.

자존감이 있는가? 쉽게 단정 지을 수 없지만 이제 담론의 중심에 두어야 하는 문제임에는 이견이 없을 것이다. 우리나라에 이러한 자존감의 건축이 규정될 수 있는가?

지역 단위의 환경 개선과 개발로 강화된 경쟁력은 지방성을 구축하는 중요한 요소이며 건축과 도시의 문화적 관점에서 자존감을 만들어가는 동인이 된다. 또 지방성을 만들기 위해서는 지방 중심적인 공간 단위의 사고를 바탕으로 지역 고유의 개발 방식과 수법으로의 전환을 우선적으로 시도해야 한다. 그리고 지역 단위의 고유한 건축으로 공간 문화를 키워가는 일, 기반 시설의 확충과 정비로 타자의 관심을 끌어내는 일 등이 자존감 있는 지방의 건축을 위해 필요하다. 지방 도시와 건축에 대한 패러다임을 중앙 도시나 수도권과는 다른 각도에서 수립해야 한다. 상의하달식 개발 개념을 비판 없이 수용하거나 여기에 기초한 관습을 무분별하게 반복 수행하고, 상급자가 군림하는 듯한 분위기를 만드는 행태는 사라져야 한다. 이를 위해서는 수도권의 유행에 대한 비판적 견해를 밝히면서 지방에 적합한 해법을 찾아내려는 '비평적' 관점이 필요하다.

건축의 지방성은 대도시인 수도권이 가질 수 없는 비장의 무기를 가져야 한다. 수도권과 차별화된 지방만의 특색을 무기로 개발하는 것, 이것이 바로 지방 건축이 가진 자존감의 핵심이다. 건축의 지방성을 구축하기 위해서는 경제적 관점에서도 수도권과 비교해 상대적으로 부족한 자본력을 극복하기 위한 복합 자본을 만들 필요가 있다. 지방의 규모만으로는 부족한 자금에 국제적, 수도권 중심적 펀드나 지방간의 연합된 자본이 투입될 수 있도록 매력을 발산해야 한다. 그리고 지방에서 이루어지는 건축의 프로그램 역시 자존감을 담아내야 하고 그 지역의 고유한 프로그램을 지속해서 탐구해야 한다. 아울러 다양한 지역들의 특성을 네트워킹하여 완결성을 갖추어야 한다. 그러기 위해서는 지방에서도 국제적 도시의 브랜드를 필요에 따라 편집 구성할 수 있는 프로그램을 시도해야 한다. 즉, 새로운 건축, 새로운 기능, 새로운 건축 영역을 만들게 됨으로써 건축 유형, 개발 방식, 문화 수용 방식의 영역에서 신선함과 동시에 자존감을 선사해 줄 것이다.

지방 건축의 발버둥

한국의 현대 건축에서 지방성을 어떻게 실현할 수 있을까? 그 지방 건축만의 특성과 독특한 문화, 지역 건축과 도시에 연계된 프로그램, 지역 문화를 반영한 건축 공간의 성격 등에 대한 연구가 냉철한 관점에서 이루어져야 한다. 그리고 지방에서도 수도권에서 누릴 수 있는 건축과 관련된 다양한 서비스 기회들을 누릴 수 있도록 노력해야 한다. 또 수도권과 어깨를 나란히 할 수 있는 건축의 담론과 문화적 풍토를 만들어야 한다. 이로써 지방 건축의 체질을 개선하여 수도권과 차별화함으로써 그 이상의 기회와 가치를 제공할 수 있게 될 것이다. 지방의 도시와 건축은 여전히 성장할 여지가 있다. 지금 우리에게는 지방 건축가들의 자발적 움직임과 자존감을 찾기 위한 실천이 필요하다. 이러한 움직임과 실천이 한국 건축의 지방성을 만들 것이다.

우리나라 지방 건축계는 움직이고 있다. 아니, 나름 발버둥 치면서 알을 깨고 태동하고 있다. 스스로 지방임을 인정하고 체질을 개선하고자 노력하고 있다. 어느 면에서는 이미 건전한 자존감이 만들어지고 있다. 이러한 움직임의 동력은 무엇일까?

2016년(알레한드로 아라베나[06]), 2017년(스페인 RCR[07]), 2018년(발크리시나 도시[08]) 프리츠커상의 수상자와 그 작품들을 살펴보면 지역만의 고민과 지방성을 잘 담아내었기에 그 가치를 인정받았음을 알 수 있다. 이들의 수상 배경은 한국의 지방 건축가들에게 용기를 주고 있다. 수도권의 먹거리 부족과 지나친 경쟁을 피해서 돌아온 지역 출신 건축가들, 그리고 지역에서 성장한 건축가들이 꿈틀거리기 시작하였다.

경제적 관점에서도 지방의 건축가들에게 기회가 더 생기고 있다. 막연히 중앙을 쫓아가던 수요를 잡을 기회가 아직도 남아 있다. 뉴욕에서 건축가로 살아가려고 하면 이름만 들어도 누구나 아는 세계적인 스타 건축가들과 경쟁해야 하지만 지방에서는 서로 간의 경쟁이 상대적으로 약해서 각 건축가에게 더 많은 기회가 주어진다. 그래서 지방은 그 지역에서 활동하는 건축가에게 기회의 땅이 된다. 또한 지방의 건축물은 상대적으로 지가가 저렴하여 건축물의 총액 가치가 낮기 때문에 좀 더 많은 건축의 기회가 생긴다. 그리고 건축계의 해묵은 주도

---

06 알레한드로 아르베나(Alejandro Aravena)는 칠레 출신의 건축가로, 2016년에 프리츠커상을 수상하였다. 그는 칠레 북부지역의 30년 된 슬럼이 이키케(Iquique)에서 100세대의 노후 주택을 재건하는 프로젝트 '킨타 몬로이(Quinta Monroy)'로 국제적인 명성을 얻었다. 이 참여형 건축 프로젝트는 저가 주택 건설에 대한 제한된 예산과 자원을 경제적으로 활용하는 혁신적인 접근일 뿐만 아니라, 저소득층이 중산층으로 올라설 수 있도록 동기를 부여함으로써 도시의 주거환경이 어떻게 인간의 삶을 바꾸고 향상시킬 수 있는지를 보여주었다.

07 RCR은 스페인 건축가 라파엘 아란다(Rafael Aranda), 카르메 피젬(Carme Pigem), 라몬 빌랄타(Ramon Vilalta)가 각자의 이름 첫 글자를 따서 설립한 설계회사이며, 2017년에 프리츠커상을 수상하였다. 스페인 북동부 카탈루냐 지방 출신인 이들은 1988년 고향 올로트에서 30년 가까이 공동 작업을 해왔다. 대부분 유치원, 노인센터 겸 도서관, 와이너리, 음식점 등 지역 공동체와 밀착된 건축으로 주변 지형이나 환경과의 교감이 두드러진 지역 건축으로 성과를 인증받았다.

08 발크리시나 도시(Balkrishna Doshi)는 인도 건축가로 2018년에 프리츠커상을 수상하였다. 그는 인도의 역사 문화, 전통 건축 양식을 독창적으로 녹여내고, 기후와 입지 특성, 지역적 맥락을 깊이 있게 이해하고 기술과 장인 정신을 잘 드러냈다는 평가를 받았다. 또, 인도인의 삶의 질을 높여 주고 빈곤층에게 희망을 줄 수 있는 좋은 건축을 실현하였다.

권에 의한 파벌이나 경쟁도 적다는 장점이 있다. 다만 아직은 개별 건축가들이 각자 활동을 하기 때문에 하나의 경향이나 흐름으로 뭉쳐지지 못하는 한계가 있다. 앞으로 많은 건축가의 노력과 연대로 수도권과의 대등한 협업과 교류를 이끌어내고 그 결과물이 성과를 드러내도록 성장해야 한다. 그래서 지방 건축가들의 연합운동이 일어나고 담론과 함께 건축적인 연대를 강화해야 한다. 이러한 풍토가 정착되면, 점차 가치 있는 지역의 문화로 인정받는 시기가 올 것이다.

한국 건축에서 올바른 지방을 구축하기 위해서는 현실을 직시하고 규모나 가치를 적정하게 인식하여 지방임을 인정해야 한다. 그리고 지역 건축가들도 지역에 대한 자존감으로 무장하여 중앙이나 수도권과 비교해 차별화된 건축 생태계를 만들어야 한다. 그래야만 지방이 수도권과 대등한 영향을 끌어낼 수 있는 가치를 창출하게 될 것이다. 지역 건축의 자존감은 지방의 새로운 도약을 위한 무기가 될 수 있다. 그리고 이 무기는 국경 없는 사회 시스템에서 지방 단위의 새로운 도시와 건축을 발전시킨다. 또한 지방의 정체성을 띤 구체적인 공간을 만들 수 있게 하고, 도시와 건축이 사회적인 자산이 될 수 있게 한다.

건축가들의 자존감은
어디에서 오는 것일까?

내가 속한 지역에 상관없이 어느 환경에서도 흔들리지 않는 건축가의 자존감은 어디서 오는 것일까? 안도 다다오(Ando Tadao)는 건축을 전공하지 않고도 세계적인 건축가가 되었다. 권투선수였던 그가 건축가가 되기까지 어떤 자존감을 갖고 있었을지 궁금하다. 그는 20살의 나이에 건축의 길을 걷기로 하였다. 그 후 르 코르뷔지에(Le Corbusier)가 동방기행을 한 것처럼 서양 건축을 보기 위해 여행을 하였다. 당시 일본인에게 건축이란 곧 서구 건축문화를 바탕으로 태어난 근대 건축을 뜻하기 때문이었다. 그는 여행을 하면서 그리스 시대부터 근저에 깔린 건축의 질서와 형태에 대해 학습하였다. 정규적인 건축 교육을 받지 않은 그에게 파르테논의 건축물을 방문한 경험은 정규교육의 결핍을 보완하는 역할을 한 것이다.

근대주의에 대한 불신이 세계적으로 만연했던 1960년대 말, 안도 다다오는 처음 사무소를 열었으나 일은 없었다. 있다 하더라도 예산이 턱없이 적고 규모도 작은 소형 주택의 일거리뿐이었다. 하지만 안도 다다오는 그 시기를 자신이 구상한 것을 실현해 보는 기회로 삼았다. 그렇게 몇 개의 작업에 힘을 다한 그는 드디어 '스미요시 나가야[09]'에서 그동안 생각했던 도시 주거에 대한 뚜렷한 형태를 만들었다. 안도 다다오의 데뷔작이 된 이 작업은 당시 유행하던 미국의 현대식 주택을 복제한 것이 아니었다. 지금까지 근대 건축이라 여겨져온 것들을 뛰어넘고자 한 시도이자, 좁은 곳에서도 안뜰과 노천 공간을 가지고 자연의 풍요로움을 누릴 수 있는, 주거의 새로운 패러다임을 가져온 시도였다. 이 작업은 르 코르뷔지에가 보여준 근대의 가능성(단순성과 추상성)을 지향하면서도 사람들의 일상을 수용할 수 있는 다양성과 복잡성까지 담아내고 있다. 이렇게 건축가는 작품으로 자신의 모든 생각을 표현한다. 자신의 생각을 전달하기 위해 치열하게 전 과정에 임하다 보면 훌륭한 건축물이 완성된다. 그리고 이 건축물은 또다시 건축가의 자존감을 올려주며 이때 얻은 자존감은 점점 더 나은 건축으로 건축가를 이끈다.

많은 건축가는 르 코르뷔지에가 동방 여행을 한 것처럼 도시와 건축의 경험을 위해 지역과 나라를 벗어나 여행을 떠난다. 특히 세계적인 건축가들의 작품을 답사하면서 그곳에서의 느낌과 감동에 열광한다. 안도 다다오도 그랬을까? 그는 여행을 통해 르 코르뷔지에의 건축을 경험해보고 그 작품을 넘어서기 위한 해법을 찾았을지도 모른다. 나도 안도 다다오의 작품을 방문할 때마다 나의 사회와 나의 건축, 나의 존재를 어떻게 극복할 수 있을지를 고민하였다. 상징적이고 반복되는 기하학적 건축 어휘 때문인지 일본적인 분위기로 날이 선 노출콘크리트의 처리 때문인지 정확하지 않지만, 그의 작품은 너무나 훌륭하다. 특히 공간의 힘과 구성 그리고 반복되는 건축 어휘의 처

---

09 안도 다다오(Ando Tadao)가 1976년 오사카 스미요시의 마을에 설계한 주택으로, 출입문을 제외하고 개구부가 없으며, 벽과 천장 안팎 모두 노출콘크리트로 마감되어 있다. 또한 소규모 주택임에도 공간이 3등분 되어 그 한가운데가 지붕이 없는 중정으로 만들어져있다. 이로 인해 빛, 바람, 하늘과 같은 자연이 집 안으로 들어와 매일 새로운 공간을 체험할 수 있다는 것이 특징이다. 이는 건축과 인간과 자연은 따로 구분하는 것이 아닌 함께 공생하는 것이라는 안도 다다오의 철학을 구현한 것이다.

리가 매우 우수하다. 이렇게 안도 다다오뿐만 아니라 현시대의 뛰어난 건축가들의 작품 여행을 통해서 나의 부족한 부분을 채우고 그것을 바탕으로 나의 자존감을 채울 수 있는 건축에 대한 실천을 시작하였다. 건축을 하는 내내 자존감 문제는 늘 내 안에 있었다. 건축을 두고 나의 자존감뿐 아니라 의뢰인의 자존감까지 어떻게 채울 수 있을까 하는 고민과 진심은 모든 작품 과정의 중심이 되었다.

3

절반으로 채운 온전함

월내 반쪽집

월내 반쪽집을 지은 후,
흰색으로 인해 마을의 전체 풍경에서 튀는 집이 되지 않을까 걱정했다.
그러나 걱정과 달리 반쪽집은 정겨운 색감을 가진 주변 집들과
어울리면서 차별화되는 풍경을 만들어내고 있었다.
특히 주변 집들의 크기와 의외로 잘 어울렸다.

바다에서 올려다 본 반쪽집은 튀는 집이 아니라
주변의 집들과 제법 잘 어우러지는 집이 되었다.
그렇게 주변의 맥락을 살짝 다듬기만 한 모습으로 함께하고 있다.

20세기의 꿈: 내 집 마련

'영끌족'은 2020년 새롭게 등장한 불편한 신조어이다. 뉴스에서도 쉽게 접할 수 있는 이 유행어는 '집을 사기 위해 모든 자산을 끌어모아도 그것이 모자라 영혼까지 끌어모은다'는 의미를 지닌다. 그만큼 집은 우리 사회에서 특별한 의미를 지니며, 세계 어느 나라보다 집 소유에 대한 욕구도 매우 강하여 삶의 목표에 '주택 소유'가 큰 비중을 차지한다. 왜 그럴까?

많은 분야의 전문가들은 집값의 상승과 내 집 마련에 대한 집착 현상을 '부동산 투자의 불패 신화', '좁은 국토', '도시의 집중화' 등의 이유로 설명한다. 하지만 나는 건축가로서 경험하고 느낀 일상과 건축의 과정에서 감지했던 사실을 바탕으로 생각해 보려고 한다. 건축은 도시, 경제, 정치와 따로 논할 수 없다. 그래서 내 집 마련에 대한 갈구와 부동산 소유에 대한 욕구는 건축가가 감지해야 할 중요한 사회심리 현상으로 건축 과정에서 예측할 수 없는 난감한 상황의 원인이기도 하다. 그렇기 때문에 도시, 경제, 정치 관련 전문가들에 비해 전문성이 다소 부족하더라도 해당 분야를 고려하지 않을 수 없다.

우리 사회의 부동산 열풍과 아파트 소유, 내 집을 갖고 싶어 하는 마음의 이면에는 자신을 드러내려는 기제와 집을 매개로 계층화된 대접을 받으려는 기대감이 있다. 오죽하면 과거 아파트 광고에서 아파트 브랜드가 표시된 열쇠를 동창들 모임에서 슬쩍 내려놓으며 자랑하는 장면을 만들었을까? 어쩌면 '넓은 아파트를 소유하는 것', '좋은 집을 짓는 것', '브랜드 아파트에 사는 것'을 성공한 삶으로 평가하는 사회적 인식 때문일 것이다. 이러한 인식 이면에는 무엇이 있을까? 그것은 바로 '자존감'이다. 대기업 브랜드 아파트를 분양받거나 사기 위해 고군분투하고, 심지어는 아이들조차 아파트 단지별로 차별 대우를 주고받는 몹쓸 현상이 발생한다. 또 지은 후 20년이 지난 아파트의 이름을 대기업 브랜드로 바꾸고 아파트의 벽면에 해당 브랜드를 크게 표시하는 사례도 생겨난다. 이러한 단편적인 예만 보더라도 우리 사회 전반에 주택 소유와 관련하여 자존감이 얼마나 크게 작용하는지를 알 수 있다.

주택 설계 과정에서 많은 의뢰인을 만나보니 애초 계획보다 좀 더 크고 자랑할 만한 요소가 있는 집을 요구하는 경우가 많았다. '티코 사러 갔다가 그랜저 사서 온다.'라는 말처럼 점점 욕심이 과해지고 요구가 많아지면서 형편과 상황에 맞지 않는 과도한 결과물로 치닫게 되는 사례가 자주 발생한다. 반면에 이러한 세태에 저항하듯, 틈새의 땅을 찾아 작은 집을 지어 진정성 있는 주거의 의미를 실천하는 사례도 점점 늘고 있다.

자투리땅과 틈새 찾기

일반적으로 대도시에서 단독주택을 보유하고 그곳에 살려고 하면 '부자'가 되어야 한다. 부자의 정확한 기준이 있는 것은 아니지만 우리 주변 단독주택 대부분은 땅이 넓고 외관도 화려해서 상당한 돈을 들여야 가질 수 있다. 그래서 젊은이들이 신혼집으로 단독주택을 소유하는 것은 상상하기 힘든 일이다. 또한 최근 단독주택은 원도심보다 신도시에 인위적으로 조성된 곳에 많이 생기고 땅은 대부분 70평 이상의 크기가 대부분이다. 그래서 단독주택을 지으려면 땅값과 건축비를 충당하기 위해 최소한 5억 원 이상을 준비해야 하는 것이 현실이다.

한때 열광적인 인기몰이를 했던 땅콩집이 70평 정도의 땅에 두 집을 함께 짓고 서울에서 아파트를 살 수 있는 가격으로 단독주택을 가지는 논리를 제시하였다. 참 좋은 방법이었다. 하지만 젊은이들에게는 그만한 공사비와 땅값조차 마련하기 힘든 금액이다. 상대적으로 집값이 저렴한 서울 이외의 지역에서는 아파트를 팔아도 땅콩집을 지을 수 있는 예산으로 부족한 경우가 많다. 그리고 지방에서는 신혼부부가 처음 내 집을 마련하기 위해 준비하는 예산이 2억 원을 넘지 않는 경우가 더 많다. 그렇다면 젊은이들은 어떠한 방법으로 단독주택을 소유할 수 있을까? 많은 궁리를 해야 하지만, 내가 주장하는 한 가지 해법은 도심에서 자투리땅을 찾는 것이다.

구도심에는 아직 단독주택을 지을 곳이 남아있다. 구도심은 땅의 크기가 다양하고 지가도 상대적으로 저렴하다. 그래서 오래된 집을 사거나, 방치된 틈새의 땅을 사서 그곳에 집을 짓거나 리모델링하는 방법이 새로운 대안이 될 수 있다. 경제적 부담을 줄이고 자신에게 적정한 주택을 현대적으로 건축하면 된다. 특히 지나치게 작아서 상업적 가치가 부족하거나 땅의 형상이 못생겨서 개발업자들이 거들떠보지 않는 땅을 찾아 그곳에 자신의 집을 짓는 것이 이 시대의 비책이 될 것이다.

작지만 큰집: 월내 반쪽집

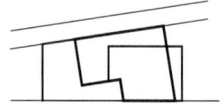

월내 반쪽집은 내가 아주 크고 번듯한 고가의 주택들(취란재, 삼수리 프로젝트[10])을 설계하고 시공하는 과정에서 만나게 된 작업이었다. 그 당시에는 아주 보잘것없고 돈이 되지 않는 프로젝트였지만 돌이켜 생각해 보면 내가 건축가로 성장하는 과정에서 반드시 경험해야 할 소중한 작업이었다. '건축을 통해 건축가는 무엇을 할 것인가?'에 대한 본질적인 질문을 하게 한 작업이며 그 이전에 내가 가지고 있었던 '건축가의 직능적인 역할만을 해오던 자세'를 버리게 한 첫 프로젝트였다.

이 프로젝트를 경험하기 전까진 건축가의 역할은 집주인이 요구하는 규모, 방의 숫자, 부엌의 위치 등 다양한 요구 조건들을 짜 맞추고, 그것을 짓기 위한 기술적 도면과 허가를 진행해 주

---

10 경상남도 양산시 하북면 삼수리에 조성된 기업인들의 주택단지. 2010년부터 설계를 진행했으며, 반쪽집의 설계와 시공에 앞서 진행된 프로젝트이다.

는 것이라고 생각하였다. 보통 의뢰인들은 "주방을 8m로 해주세요, 평소의 로망이었어요."라고 말하거나 '우리 부부가 미니 탁구를 할 수 있는 공간을 만들 것' 또는 '따뜻하고 햇살이 잘 들어오는 집' 등을 구체적으로 요청한다. 그러나 이 프로젝트의 집주인은 "이 작은 땅에 그냥 집을 지었으면 좋겠는데, 지을 수 있나요?"라고 막연한 질문을 던졌다. 집을 짓는 것에 대한 아무런 사전 준비가 없었던 것이다. 이 땅에 집이 가능한지, 어느 정도의 집을 만들 것인지에 대한 기준도 구체적 요구 사항도 없었다. 그래서 이 집의 경우, 건축가인 내가 건축에 대한 모든 것을 제안하며 건축설계를 완성하고 그에 따라 집을 지어가는 전 과정을 조절하는 역할을 하면서 완공하였다. 그래서 내게는 건축가의 직능적인 역할을 넘어 사회적 역할을

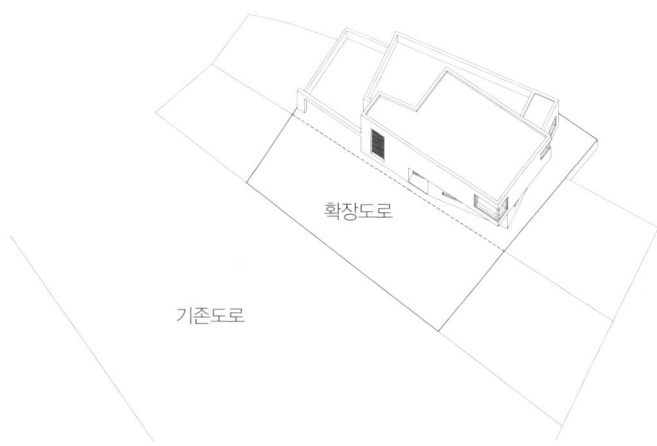

도로 확장으로 잘린 반쪽집

자존감 건축

깨닫게 해준 프로젝트이기도 하다. 이미 살던 집이 잘리고 땅도 작아졌으니 이곳에 집만 지어달라는 요구, 너무나도 원초적인 그 요구에 건축가로서 무엇을 해주어야 하는가에 대해 끊임없이 물어가면서 그에 대한 답을 찾고 이를 공간과 조형으로 구현하여 집을 완성하였다. 이 경험을 하면서 '작은 집일수록 건축을 통해서 이용자의 자존감을 지키는 것'이 중요하다는 평범하고 당연한 사실을 깨닫게 되었다.

월내의 반쪽집[11]은 요즘 카페로 명성을 크게 얻게 된 '기장해안로'에 지어진 작은 주택이다. 새 집을 짓기 전에 이곳에는 이미 오랫동안 바다가 보이는 국도변의 평범한 집이 자리하고 있었다. 그런데 시간이 흘러 점점 도시가 확장되고 지역이 발전하면서 도로 확장 계획이 수립되었다. 그 결과 도로가 개설되었고 집과 땅이 반쪽으로 잘려 나가게 되었다. 하지만 집주인은 경제적으로 넉넉하지 못해 생활 터전을 버리고 새로운 곳에 집을 구해 이사할 수 없는 상황이었다. 그렇게 이 프로젝트는 "이 잘린 집터에 보상받은 금액만으로 새롭게 집을 지을 수 있을까?" 하는 걱정과 의문을 가지고 시작되었다. 그리고 홀로 거주하는 이용자의 생활방식을 담아내면서 반쪽이 되어버린 집에서 과거 온전한 집일 때만큼 적절히 사용할 수 있는 공간을 만들어주는 것을 목표로 삼았다.

---

11 **설계** 오신욱, 노정민, 박정아, 하정운, 이영숙, 김대원
　대지위치 부산광역시 기장군 장안읍 월내리
　지역지구 제1종일반주거지역, 제1종지구단위계획구역, 주거환경개선지구
　대지면적 93.00㎡ **건축면적** 53.63㎡ **건폐율** 57.67% **용적률** 81.14%
　연면적 75.46㎡ **최고높이** 6.05m **구조** 철근콘크리트구조
　시공 태백건설 김태홍

그 목표에 맞추어 우선 외적으로 반쪽짜리가 아닌 온전한 집의 모습으로 보일 수 있는 외관(조형)을 만들었다. 내부적으로는 원래 온전한 집이었을 때 사용 빈도가 낮았던 쓸모없는 공간을 제거하고 좁은 공간이지만 다양한 상황과 기능을 충족할 수 있도록 만들었다. 내부 공간은 먼저 시각적으로 확장되어 보이도록 이용자의 움직임에 따라 창을 내어 그 창을 통해서 과거 온전했던 집에서 누리던 것보다 넓은 공간감을 제공하였다. 창을 통해서 이웃과 주변의 나무, 바다, 도로 그리고 새롭게 만들어진 건물 일부와 소통할 수 있도록 하였다. 이렇게 완성된 집의 전체 이미지는 규모보다 크게 보이고 옛날 집보다 현대적인 모습을 띠고 있어 주변과 비교해 건축적인 자존감을 갖게 한다.[12] 또한 창을 통해 주변을 둘러보면 외부 풍광이 이 집의 다른 부분의 모습과 동시에 보이면서 근사한 장면을 만든다. 그리고 주변의 풍광과 집의 부분 부분이 한 프레임에 들어가 새로운 장면의 볼거리를 제공한다. 창은 좁은 공간의 시선 확장을 끌어내며 외부 모습만을 보여주는 것이 아니라 집의 몸체 일부를 동시에 보이게 하여 이용자로 하여금 심리적으로 공간의 한계를 느끼지 않도록 하였다.

---

12 이 작업을 위해 '들띄우기'란 건축의 개념을 만들었다. 일반적으로 건축의 작업은 2차원을 매개로 3차원 공간과 형태로 발전시키게 된다. 이때 2차원의 상황은 항상 3차원의 볼륨에 종속되어 있고, 건축가들은 그 속에서 숨은 그림을 찾듯 3차원의 입체성을 찾으려고 노력한다. 하지만 필자는 한계나 고정적 생각을 뛰어넘기 위해 2차원에서 3차원으로 자유로이 넘어 다니고, 2차원에 종속적이지 않으며 오히려 3차원에서 2차원을 인식하면서 새로운 출발을 돕기 위해 조작을 해 간다. 이미지나 의미적인 요소를 선정하여 서로 간에 들뜨게 하고, 이를 다시 엮을 때 새로운 것을 만들 수 있다는 인식을 바탕으로 한 조형 방법이다. 상황, 땅과 주변, 건축적 인자를 발견하고 이를 다시 엮어내는 작용을 반복하면서 공간, 형태, 볼륨을 통한 건축을 만들어간다.

자존감 건축

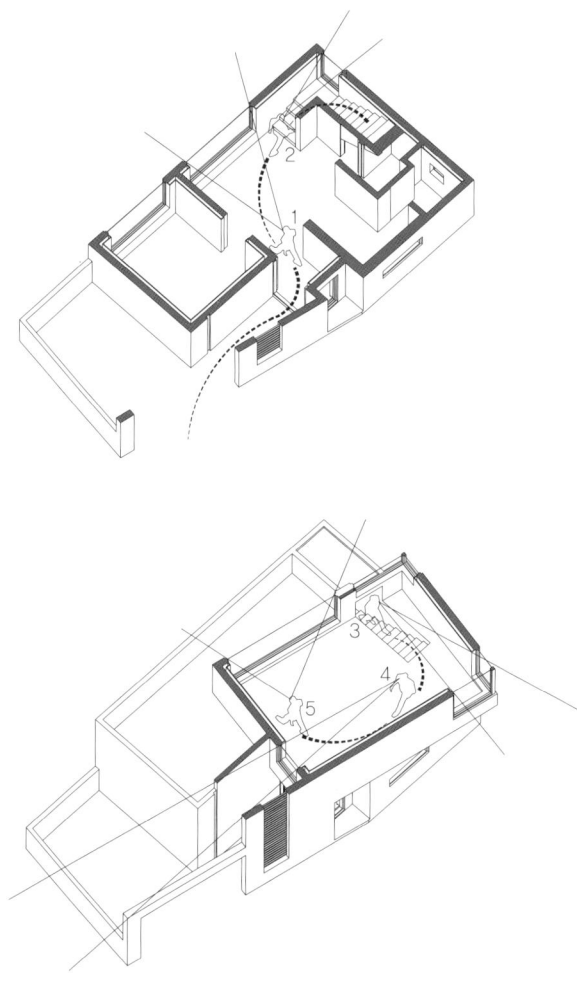

월내 반쪽집 내부

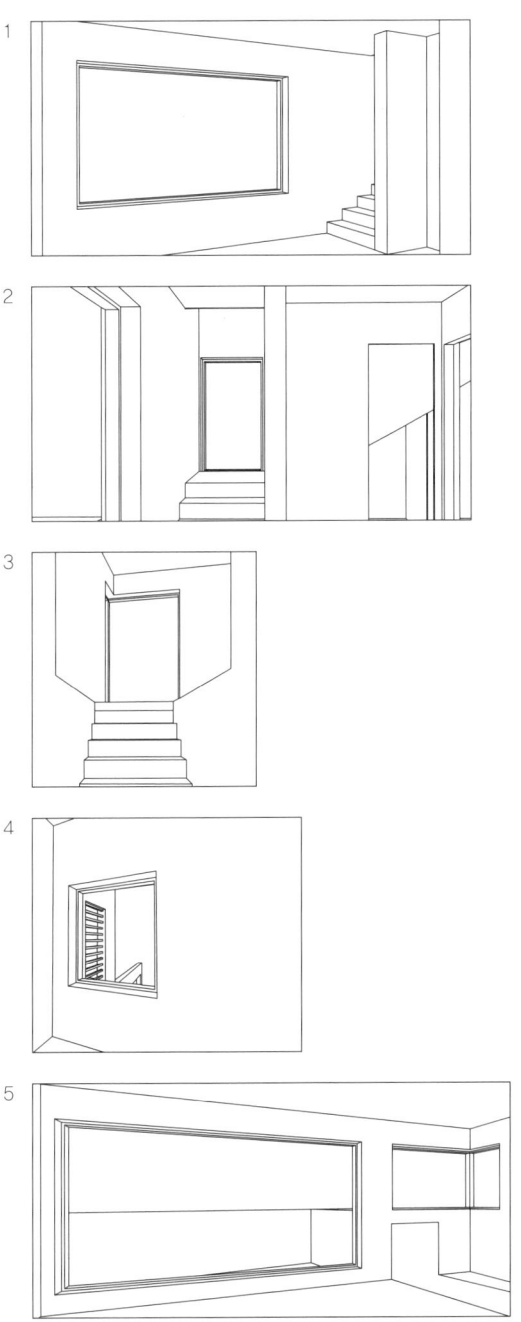

내부를 걸어 다니면서 바라보는 장면

자존감 건축

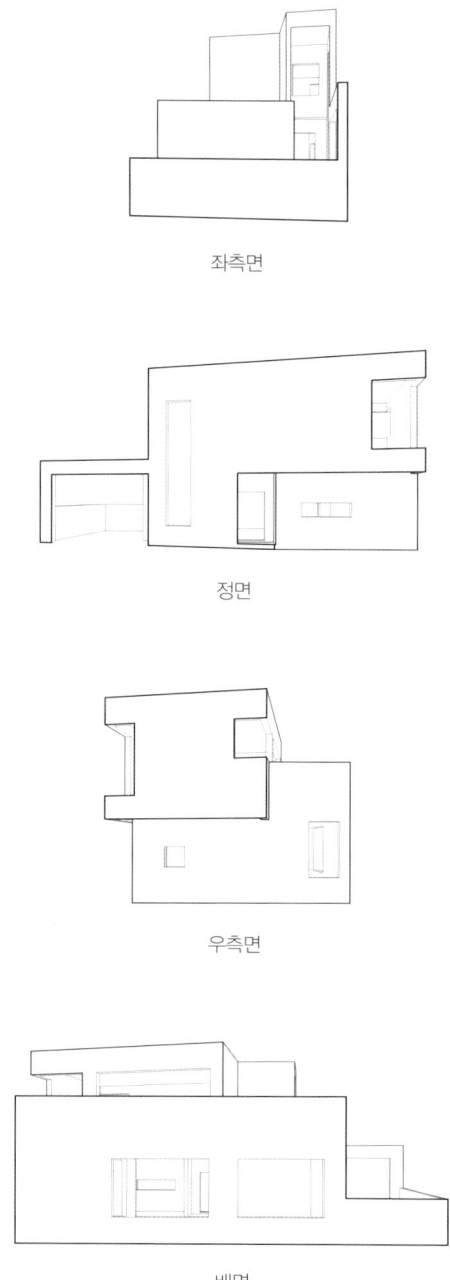

좌측면

정면

우측면

배면

월내 반쪽집의 4방향 표면과 레이어

법적으로 확보해야 하는 주차장은 평소에는 마당으로 사용할 수 있게 담장 구조물로 에워싸면서 건물과 하나로 연결하였다. 그 결과 건물은 담장과 일체화되어 더 큰 집으로 보이게 하였다. 그리고 이 구조물은 땅의 경계와 도로의 잘린 표면을 암시하는 나만의 방법으로 만들어진 사회를 향한 울림이었다. 1층의 거실은 평소에 거실과 주방 기능을 동시에 하며 자녀들이 방문할 때는 또 하나의 방으로 사용할 수 있게 하였다. 2층의 가족실은 한 공간으로 통합하여 평소에는 거주자의 작업실로 사용하고, 게스트 룸과 자녀들의 침실을 겸할 수 있도록 하여 부족한 공간을 보완하였다. 특히 2층의 테라스는 손님이나 자녀들이 방문하였을 때 좋은 풍광을 제공하는 장소가 되었다.

나는 이 집을 통해서 '도시개발, 제도, 공권력에서 어떻게 버티는지'를 이야기하고 싶었다. 온전했던 주거 공간이 도로의 확장, 개발이라는 공권력으로 말미암아 '왜 잘리어야 하는가?'에 대한 저항을 표현하였다. 이러한 저항은 집주인에게, 더 나아가 지역 주민에게도 자존감이 있음을 보여주는 행동이라 믿었다. 또한, 이 집이 개발과 공권력에서 '어떻게 버티면서 생존하는가?'에 대한 답이 건축을 이용하여 우리의 자존감을 회복하는 것이라 믿었다. 그래서 도로에서 잘린 면을 강조하는 형태로 건축화하면서 반쪽으로 잘린 처지를 강하게 드러냈다. 이는 제도에 그냥 당하고만 있지 않겠다는 소소한 저항이자, 동시에 억지로 잘린 집과 땅을 위로하는 마음을 표현한 것이다.

반쪽집 그 이후: 창고의 탄생

건축가인 나는 반쪽만으로 온전함을 채워주려 했지만 반쪽을 넘어서는 가치의 인식이 공감되지 않으면 결국 물리적인 반쪽을 이겨내지 못한다는 것을 경험하였다. 이 집이 완성되고 1년이 지난 시점에 집의 주차장 공간과 마당에는 웃지 못할 작은 창고가 만들어졌다. 집주인은 주차장보다는 자신의 생업에 필요한 소품들과 장비를 넣을 창고 공간이 필요했다. 그래서 주변 사람들의 도움을 받아 생업에 필요한 물품을 보관할 창고를 떡하니 마당에 지은 것이다.

월내 반쪽집이 지어진 후 오랜 시간이 지났지만 현재까지 이 작은 창고는 유용한 공간으로 이용되면서 효과를 맹렬히 드러내고 있다. 무단으로 만들어진 창고지만 건물 전체 색상에 맞추어 흰색을 띠고 있어 처음부터 있던 것으로 착각하는 이도 있다. 사용자의 필요에 따라 아무렇게 채워진 구조물이 건축가가 치밀하게 제안한 외부 공간 및 여백과 어우러져 마치 하나처럼 보이는 아이러니한 현실을 만들어낸 것이다.

건축가가 만들고 제공한 집에서 집주인은 무언가 또 다른 결핍을 느꼈던 모양이다. 무엇보다 생업을 위한 공간이 필요했던 집주인에게는 외부에 비워진 공간이 건축가가 의도한 가치 있는 공간이 아닌 단순히 창고를 지어도 되는 비어있는 땅으로 생각한 것이다. 집주인이 집에서 해소할 수 없었던 일상의 물리적 결핍을 채워준 작은 창고는 나에게 많은 생각을 하게 한다. 내가 설계한 원형이 유지되지 못하고 있는 상황이 속상하지만, 집주인에게 이 창고는 그 무엇보다도 생업에 도움이 되는 소중한 공간이자 집의 일부일 것이다.

반쪽집은 건축가인 나에게 작지만 큰 작품이며 건축과 공간, 조형, 내·외부 공간의 관계, 주변과의 조화, 맥락에 대한 평소의 생각을 적용할 수 있었던 작업이었다. 그뿐 아니라 이 작품은 건축가로서의 나의 이름을 알리는 계기가 되어 나의 자존감에 매우 큰 영향을 미쳤다. 한편 내가 의미를 두었던 것들이 상대적으로 집주인에게는 그리 중요한 것이 아니었다는 점은 많은 생각을 하게 하였다. 여기에는 건축가와 집주인이라는 입장의 차이도 있을 것이다. 그녀에게는 집의 크기, 실질적인 기능적 만족감과 더불어 이 집에 대한 관심이 중요했던 것 같다. 집이 지어진 후, 집이 예쁘다는 칭찬과 언론의 관심, 모두가 부러워하는 반응들은 집주인의 자존감을 올라가게 했을 것이다. 그러나 사람은 기존의 결핍이 채워지면 또 다른 결핍을 느끼듯 그녀 또한 다음 단계에 있는 무언가를 향한 새로운 결핍이 다시 채워진 것 같았다.

진숙이네: 절반으로 온전함을 채우다.

월내 반쪽집을 설계하고 시공하는 과정과 완성된 이후의 외부 반응을 경험하면서 건축과 관련된 경제적·물리적 결핍 상황에 가로막힌 여러 사연에 관심을 두기 시작하였다. 진숙이네[13]는 '99 하우스'라는 기획 서적을 위해 설계한 집이다. 8인의 건축가가 주어진 조건에 맞춰 각자 집을 설계하는 프로젝트였다. 30대 전문직 종사자인 집주인 진숙은 자신의 취미와 일 그리고 싱글라이프를 즐기고 싶은 젊은 여성으로 내 집 마련을 위해 단독주택을 짓기로 하였다. 진숙은 아파트가 아니라 도심의 작은 대지를 샀고 협소주택을 소유하고 싶었다. 진숙이네는 예산 대부분을 대지를 사는 데 사용했고 건축을 위한 예산은 1억 원으로 제한된 상황이었다. 하지만 여느 의뢰인들처럼 공간에 대한 그녀만의 요구 사항이 있었다. 취미를 위한 방이 있어야 하고, 수납이 충분하며, 미래에 결혼하더라도 이곳에서 지속해서 살 수 있는 구조가 되어야 하였다. 특별히 요구한 공간 외에도 우리가 알고 있는 기본적인 주택의 장점인 마당이나 옥상 등도 갖추기를 바랐다.

대부분 프로젝트가 그렇듯이 의뢰인은 실질적인 비용은 가볍게 여기면서 자신에게 유리한 기준으로 총예산을 정해두고 집

---

13 대지면적 100.75㎡ 건축면적 54.72㎡ 건폐율 54.31% 용적률 82.30%
   연면적 82.92㎡ 높이 8.45m 구조 철근콘크리트조

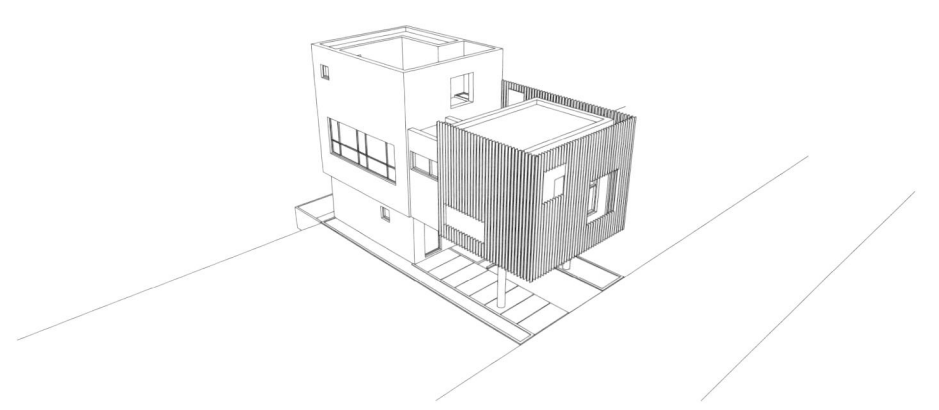

진숙이네

에 대한 꿈을 이루고 싶어 했다. 바로 1억 원이라는 제한된 공사비 내에서 자신이 원하는 집을 만들고자 한 것이다. 1억 원이라는 공사비는 건축을 진행하는 과정에서 가장 큰 결핍이 되었다. 비용적으로 한계가 분명했기 때문이다. 이러한 한계를 극복하고자 '월내 반쪽집'의 상황과 교훈을 되새기면서 그때에 적용했던 방식을 해법으로 삼았다. 이를 위해선 절반의 공간구성만으로 주거에 필요한 모든 구성요소를 담는 방법이 필요하였다. 월내 반쪽집의 경우는 외부 요인 때문에 공간이 물리적으로 반쪽이 되어버린 것이지만, 진숙이네는 스스로 절반이 되는 길을 선택한 것이므로 큰 차이가 있다. 하지만 두 경우 모두, 시작은 결핍에 따른 절반이지만 점점 나머지가 채워지면서 온전하게 되는 집이며 그 중심에는 '자존감'이 있었다. 건축 과정에서 만약 절반만으로 온전함이 채워진다면 애초 존재했던 1억 원이라는 경제적 결핍은 순식간에 극복되고, 결과에 대한 만족감도 높아질 것이다. 그래서 반쪽집은 자의든 타의든 여러 가지 결핍의 상황을 극복하기 위한 새로운 대안이 될 수 있다. 또한 쉽게 집을 지을 수 있도록 용기를 주며 완성된 집은 우리의 자존감 회복에 도움이 될 것이다.

진숙이네는 저비용 주택을 목표로 시작하였다. 월내 반쪽집도 더 많은 예산이 있었다면 다른 곳에 땅을 사들여 집을 지었을 것이다. 그래서 진숙이네는 갖고 싶은 집의 절반만 짓는 것에서 출발한다. 집의 규모에서부터 방의 숫자와 면적 등을 조금씩 줄인다. 이렇게 공간이 줄어든 여건에서 온전함의 효과를 만들어내는 방식을 고민하고 채워나가는 것이 중요하다. 취미를 위한 방을 대신하여 휴식을 위한 거실과 작은 주방과 통로의 기능을 동시에 감당하는 '중정을 바라보는 공간'을 2층에 제안하였다. 남겨둔 면적으로 1층에는 게스트가 사용할 수도 있고, 마음 맞는 지인에게 임대할 수도 공간을 확보해 주었다. 이렇게 절반의 공간을 남겨서 결혼 후에는 자녀나 남편을 위한 공간으로 바꾸어 사용할 수 있게 하였다. 이처럼 반쪽집에서 유보된 나머지 절반 공간은 추후 새로운 방식과 변화된 상황에 쉽게 대응할 수 있는 통합적인 공간이 된다. 집에 살면서 변화된 상황이 생겨도 그에 대응할 수 있기 때문에 건축 공간에 대한 만족감은 더 커지고 거주자의 자존감도 유지될 것이다.

현대사회는 별다른 이유 없이 타자에게 접근하기 불편하다. 상대방에게 나를 맞추려고 노력하는 것도 힘이 든다. 그래서 우리에겐 더욱 특별한 집이 필요하다. 적어도 나에게 어느 무엇도 요구하지 않고 나의 요구와 투정에 응대해 주는 집이 필요하다. 진숙이네가 직장 생활의 힘든 이야기를 들어주고 집

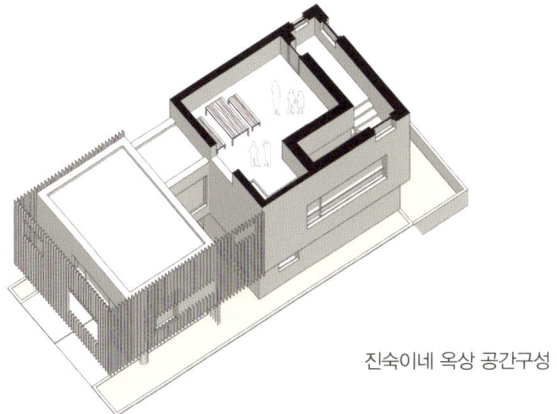

진숙이네 옥상 공간구성

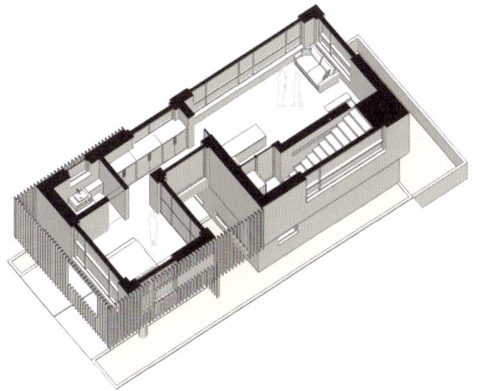

진숙이네 2층 내부 공간구성

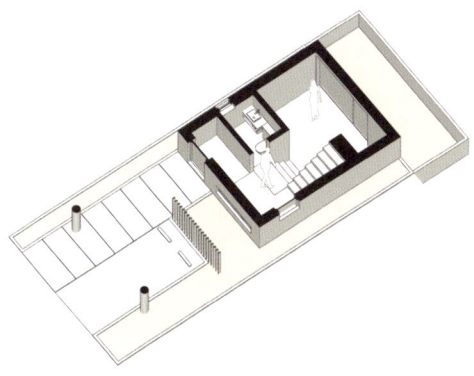

진숙이네 1층 내부 공간구성

밖에서의 노고를 격려해 주는 집이 될 수 있다면 집은 물리적 공간을 넘어 자존감을 갖게 하는 새로운 공간으로 인식될 것이다. 과거 우리의 집들은 이미 그 역할을 하고 있었다. 하지만 대부분의 거주지가 아파트와 오피스텔이 되어가면서 획일화된(억압된) 공간 속의 삶은 우리를 긴장하게 만들고 더 피로하게 했다.

진숙에게 집은 일상을 시작하는 가장 편안한 곳이고 생각이 자라는 곳이다. 직장에서 매일 점심 메뉴를 고민하는 것과는 달리 집에서 밥을 먹을 땐 반찬이 부족해도 걱정 없고 불평하지 않으면서 편하게 먹을 수 있다. 이처럼 집에서 그녀는 너그러워진다. 꾸미지 않은 모습으로 있어도 나무라는 사람이 없고 누군가에게 부끄럽지 않은 곳(공간)이다. 그래서 이 집이 진숙에게는 가족이자 이웃이 되게 하고 싶었다. 진숙에게 집의 다양한 공간과 그 공간에 잘 놓인 물건들은 가족이 될 것이다. 그리고 외부의 마당과 테라스는 그녀가 머무르면서 자존감을 더 높일 수 있는 장치가 되고 옥상은 그녀의 이웃이 될 것이다. 그러면서 집은 그녀의 반쪽으로 자리 잡게 될 것이다. 이 집 역시 20평이 되지 않는 작은 집이다. 하지만 이 작은 집을 구상하고 짓는 동안 진숙은 주택 소유의 꿈을 이룰 수 있게 될 것이고 그 꿈이 서서히 완성될 때 그녀의 자존감은 더욱더 단단해질 것이다.

4

오래된 시간에서 되찾은 자존감

모닝듀

다공성의 개념으로 읽히는 외벽의 구멍들은 도시 풍광에서 빈 곳이 되고,
내부에서는 그 빈 곳이 지역을 체험할 수 있는 다기능 공간이 된다.
내부의 창 이외에도 외벽에는 몇 개의 큰 구멍이 있다.
이 구멍에서는 바다를 살짝 엿볼 수 있는데,
덕분에 내부에서 아주 인기 좋은 공간으로 자리 잡았다.

가로는 넓지만 세로의 폭은 5미터가 채 되지 않는다.
하지만 전체는 큰 건물로 보인다.
좁은 땅에서 효율적 건축이 가능하게 한 것은 계단이다.
이 건물의 계단은 산복 도로 골목과 계단의 특징을 닮아 있다.

각층을 오르내리는 계단은 좁고, 휘감아 돌고 있다.
하지만 불편하지 않으며, 오히려 오르내리면서 외부를 감상할 수 있다.
계단으로 들어오는 빛은 묘한 분위기를 만들어내
우리는 이것으로부터 재미를 느낀다.

비꼴로

외벽의 루버는 창문과는 다른 새로운 이미지를 만들어낸다.
그리고 보는 각도에 따라 모습이 변한다.
낮에는 루버가 강조되어 보이고,
밤에는 불빛이 다른 분위기를 만들어낸다.
골목으로 향한 큰 발코니는 마치 골목이 확장된 듯한 느낌을 준다.
이곳에서의 다양한 활동은 골목과 공유되고,
골목을 지나는 행인들의 말소리가
마치 옆에서 이야기하는 것처럼 들릴 때도 있다.

부산의 구조: 산복도로

일부 개그 프로그램에서 부산 사람들을 묘사할 때, '자자', '밥 묵자', '마' 등의 사투리를 쓰며 단순하고 급한 성격을 강조한 바가 있다. 내가 생각해도 부산 토박이는 보편적으로 급한 성향이 있고 생각을 행동으로 옮길 때 주저하지 않는 특징이 있다. 그러다 보니 부산의 집과 건물들은 이러한 성향이 반영되어 외부에서 즉각적으로 내부로 들어가고 내부에서 거침없이 외부로 나오는 구조인 경우가 많다. 이러한 성향은 나의 건축에도 반영되어 있다. 일부 비평가들은 나의 건축이 '내·외부 공간의 관계가 러프한(rough)' 것이 특징이라고 지적하며 그것이 부산의 건축가임과 무관하지 않다고 말한다. 이처럼 부산 대부분의 건축 공간들은 외부에서 내부 공간으로 직접 이동이 가능하고 공간의 경험을 위해 시간을 끌지 않는다. 그리고 실과 실 사이에 전이 공간보다는 직접적으로 두 실을 맞대게 하는 방식이 흔하다.

전통적으로 남쪽 지방에 홑집[14]이 많았고, 북부 지방에는 겹집이 많았다. 부산의 집과 내가 설계한 건축물의 처리 방식은 모두 직접적으로 홑집의 방식과 비슷하다. 내부에서 외부로, 외

---

14 홑집은 전통적으로 마당이나 외부 공간에 접하여 내부 공간(방이나 거실)이 만들어진 집을 말하며, 외부에서 문을 열면 즉각 내부의 실이 되는 특징이 있다. 반면 겹집은 외부에서 문을 거쳐 들어가면 전실과 같은 중간적 공간이 있고, 이 공간에서 내부 실(방, 거실)로 들어가는 방식으로 구성되어 있다. 즉, 내부 공간에 겹으로 방들이 구성된 집을 말한다. 그래서 홑집은 남쪽 지방에 많이 지어졌고, 이곳에서 생활하는 사람들의 성질은 즉각적이고, 직설적인 경향이 있다고 간주한다.

부산 전경

부에서 내부로 이동할 때 세심하게 조절되는 것이 아니라 직접적이고 거칠다. 그냥 툭 나가고 들어온다. 그래서 건축적 커뮤니케이션 방법은 짧고 간결하다. 심지어 도시의 길에서 내부 공간으로 직접 들어오고 나가는 경우가 있어 그 관계가 거칠다. 독일의 철학자 발터 벤야민(Walter Benjamin)의 깊은 연구 대상이었던 나폴리(Napoli)의 도시와 건축 구조도 이와 유사하다. 벤야민은 '다공성(Porosity)'이라는 용어를 사용하여 도시와 건축의 공간이 서로 침투하는 상황을 설명하고 이러한 도시의 구조는 지역 사람들의 오랜 생활 습관과 무관하지 않다고 말한다. 그만큼 건축은 지역의 특성과 닮았고 지역 건축가인 나 역시 건축에 지역 색깔이 강하게 드러난다. 그래서 부산의 건축은 대부분 부산만의 지역적인 특징이 있고 부산의 건축가들이 무심코 작업한 결과물에서도 부산만의 오랜 특성을 발견할 수 있다.

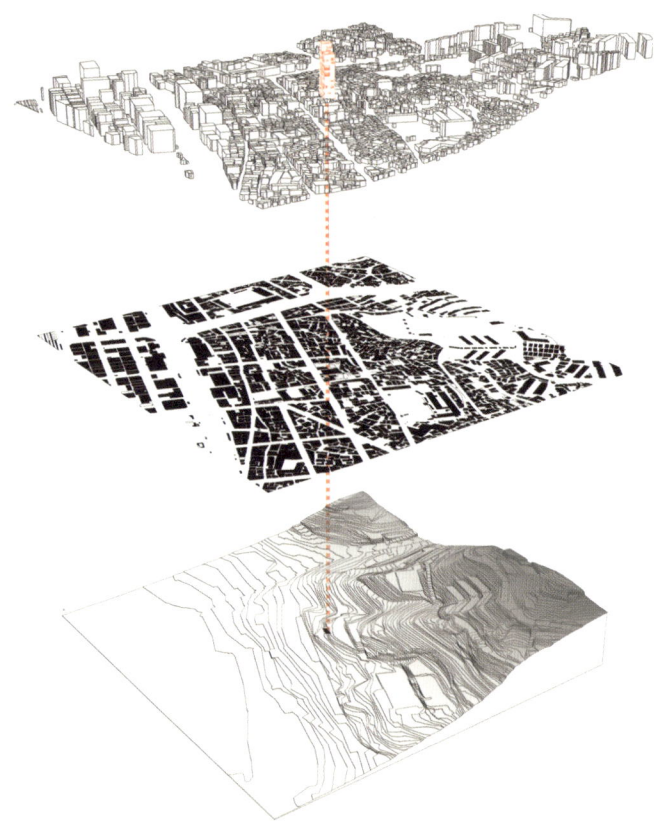

부산 원도심의 지형과 도시, 건축

과거 찬란했던 부산의 도시적 부흥기는 이제 막을 내리고 있다. 이미 수도권보다 기회가 부족한 곳이라는 평가를 받고 있으며 '제2의 도시'라는 타이틀도 인천에 뺏길 처지이다. 그러다 보니 부산 지역의 도시 자존감이 예전만 못하다. 특히 원도심의 도시·건축적인 자존감은 지속해서 떨어지고 있으며, 부산을 점점 '해양도시'로만 언급하고 있다. 자존감을 지키기 위해 부산을 논할 때 에둘러 바다 이야기를 하거나 해운대를 언급해야만 자존감이 방어된다.

이렇게 자존감에 상처를 입어가는 중이지만 우리는 부산이 지닌 소중한 몇 가지를 놓치고 있음을 알아야 한다. 우리가 부산에서 놓치고 있는 것은 부산의 지형과 경사지를 중심으로 형성된 도시 구조와 그 속에 스며있는 깊은 역사와 그것에 따라 반응하는 공간이다. 이 지형에서 누릴 수 있는 풍광, 도시 구조, 건축과 가로 사이의 관계는 고유한 개항장의 역사를 거쳐 만들어진 부산의 자랑스러운 자산이다. 또한 이 자산을 잘 활용하면 부산 도시·건축의 자존감을 되살릴 기회를 가질 수 있다.

부산 산복도로의 지형, 풍광, 역사는 지역의 자존감을 높일 수 있는 요소들이다. 특히 초량을 중심으로 하는 원도심은 다양한 건축과 도시 행위가 역사를 기반으로 구축되었다. 그래서 이곳의 건축을 역사적 또는 지형적으로 잘 해석해서 만들어낸다면 더욱 가치와 의미가 있는 결과물이 될 수 있다.

외세의 침략과 점유의 흔적이 남아있는 부산은 도시 공간 속에 외세와 지역 문화가 섞여서 만들어낸 특징을 고스란히 간직하고 있다. 특히 산복도로에는 오랜 시간 만들어진 혼성문화의 흔적과 시간성을 드러내는 요소가 많이 남아있다. 이곳

자존감 건축

에서 역사의 자존감이 무시된다면 우리의 산복도로는 단순히 도시개발의 대상일 뿐이다. 켜켜이 만들어진 역사의 산물로 이해하고 새로운 시간의 연장선에서 그 가치를 찾아내야 한다. 그리고 그것이 건축과 함께 장소와 공간으로 만들어진다면 부산이라는 도시와 초량 지역의 자존감은 더 높아질 것이다. 감천문화마을이 폭발적 관심의 대상이 되고 수많은 인파가 몰리는 지역으로 변한 것도 같은 맥락으로 이해할 수 있다. 감천마을의 역사와 지형적 특성을 최우선으로 고려하면서 자존감이 회복된 것이다. 이렇게 역사적인 장소, 동네, 그리고 시간이 만들어낸 흔적들을 새로운 가치로 부각시켜 그 지역이 지닌 정체성을 강조하면 지역의 도시 건축적인 자존감은 올라가게 되어 있다.

내가 초량에서 작업한 두 개의 프로젝트(초량도시민박과 비꼴로)는 이처럼 지역의 자존감 회복이라는 방향을 잡고 시작하였다. 특히 도시의 구조와 역사, 지형과 주변 건축물의 특징에서 그 실마리를 찾았다.

역사, 풍토와 대화하다: 초량

초량은 부산에서도 전쟁의 역사와 그 속에서 지친 생활의 기록을 고스란히 담고 있는 지역이다. 생존을 위한 처절함 속에서 집들은 필요한 만큼 최소한으로 만들어지다 보니 지나칠 정도로 과밀하게 되었다. 또 개항장으로 다양한 문물이 밀려 들어왔고 이에 저항하듯 형성된 도시는 모순적으로 타자의 문명과 결합해 조화를 이룬 지역이 되었다. 특히 건축물이나 도시의 구조는 질서도 없고 기준도 없었다. 오로지 생존을 위해 필요한 요소들만으로 채워진 과거의 흔적이 남아있는 장소가 되었다. 그러다 보니 오랜 시간 타자의 물결이 스쳐 지나갈 때마다 경사지는 유지되면서 부분 부분에 엮이기도 하고 튕겨 나가기도 하면서 버무려진 지역이 되었다. 그 결과 이곳에 자리 잡은 많은 구축물들은 산에서 바다를 보며 하늘을 느낄 수 있다. 또한 새것과 오래된 것이 서로 공존하면서 오묘한 풍광을 만들어낸다. 그래서 초량은 부산의 역사 이미지를 품고 있는 대표적인 지역으로 평가된다.

이곳은 외국인들의 거주지, 차이나타운, 러시아촌, 텍사스 거리 등의 이름으로 바뀌어 오면서 독특한 결이 쌓였다. 누구도 본토박이가 될 수 없는 분위기가 지배적이다. 부유하지 않은 동네였고 어릴 적 이곳에서 살았지만 벗어나는 것이 목표가 된 곳이었다. 당연히 초량의 자존감은 보잘것없는 것으로 고착되었고 이곳의 건축 행위는 최소한의 기능과 형식만을 만족시키는 정도로 진행되었다. 또한 자존감을 가질 수 있는 건축

초량 전경

과 공간, 도심의 장소는 제공되지 못한 채 100년의 세월을 견디었다.

사람들은 대부분 초량을 도시의 인프라가 부족하고, 지가가 싸며, 노년층이 많이 거주하는 동네로 인식하고 있다. 그래서 이곳에 거주하는 이들은 부촌인 해운대나 학군이 좋은 동래지역과 비교해 항상 경제적이고 문화적인 면이 부족하다고 생각한다. 이처럼 결핍이 많은 원도심으로 취급받다 보니 도시와 건축적인 측면에서 자존감이 매우 낮아졌다. 하지만 최근 들어 도시재생의 패러다임이 강조되면서 새롭게 지역이나 동네를 비롯하여 특정 장소의 가치를 발견하는 일들이 늘어나고 있다. 그러면서 역사와 지형, 이곳에서 이루어졌던 추억 등을 들추고 이를 공간이나 장소와 연결하여 새로운 무언가로 개선하려는 시도들이 많아졌다. 여기서 소개하는 모닝듀와 비꼴로 프로젝트도 같은 이유와 방법으로 시작되었다. 나는 작은 건축을 이용해서 동네와 지역 그리고 주변에 선한 영향을 끼치고 싶었다. 작은 건축물, 소소한 공간이 어떻게 지역의 동네와 결합하는가를 고민하였다. 그리고 지역의 결핍을 조금이라도 채워주면 지역의 자존감이 일부 회복될 수 있을 것이라 믿었다.

자존감 건축

이슬 씨의 도시민박, 모닝듀

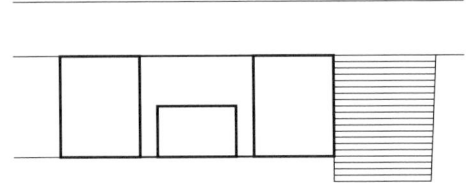

모닝듀[15]는 부산을 바라보는 타자의 시선에서 시작되었다. 싱가포르 여행에서 만난 인연으로 결혼한 부부(이슬 씨와 싱가포르인 남편)가 사무실로 찾아왔고 초량에 터전을 마련하고 싶다는 의사를 밝혔다. 의외였다. 대부분 외국인은 부산의 해운대를 선호하는데 이 부부는 예상외로 원도심인 초량을 좋아하였다. 그 이유를 물어보니 "초량의 집들, 길들, 동네가 신기하고 매력적이랍니다. 그래서 남편이 이 동네에 살면서 한국을 알아가고 싶다고 해요."라는 답변을 들었다. 싱가포르인 남편의 생각을 존중해 정착을 결정한 것이다. 신선한 충격이었다. 타

---

15 **설계** 오신욱, 노정민, 하정운, 김대원, 안신, 유성철, 윤정옥, 박규현
대지위치 부산광역시 동구 초량동 **용도** 근린생활시설, 단독주택
대지면적 86.21㎡ **건축면적** 66.48㎡ **건폐율** 77.11% **용적률** 315.83%
연면적 337.58㎡ **높이** 21.00m **구조** 철근콘크리트구조
시공 대백건설 김태홍

자의 시선에서 발견된 초량, 경사지의 집과 공간구조의 특성에 대해 여태껏 부산 사람이자 부산의 건축가로서 제대로 인지하지 못했던 것이 부끄러울 정도였다. 그래서 나도 다시 원도심을 새롭게 살펴보기 시작하였다.

타자의 시선에서 보면 초량 지역은 부산역과 부두, 항만이 가까워 지정학적으로 정착하기 쉬운 곳이다. 단기간 머무르기에도 아주 좋은 환경이다. 이웃 간의 관계가 긴밀하지 않아서 서로의 내면과 과거를 드러내지 않아도 되는 곳이기도 하다. 또한 지역의 공간적 특성(장소성)과 지형, 도시 구조가 강하고 특별하여 개인적인 사정은 쉽게 묻혀 드러나지 않는다. 누구나 어느 정도의 비밀을 간직한 채 살아갈 수 있는 터전으로는 안성맞춤인 동네이다. 전후 피란 시절에 정착된 지역으로 다양한 출신의 고향 색이 잘 섞이게 되었고 다양한 생활방식(고향 지방의 특색)을 서로 존중하고 침해하지 않으면서 서서히 영향을 주고받는 지역이 되었다.

원도심에서 흔히 볼 수 있는 대부분의 집들은 비전문가들이 경사지에 조급하게 만든 구축물들이다. 이 구축물들은 오랜 시간을 거쳐 거칠게 자리 잡고 있지만 때로는 친근하고 익숙한 질서로 다가온다. 또한 거칠기는 하지만 많은 구축물이 오묘하게 정리된 규칙을 만들어내고 있다. 이 규칙들이 소소한 질서를 이루면서 친근한 풍광의 도시로 완성되었다. 이곳의 풍광은 지금까지 살아온 부산 사람들의 삶의 규칙과 질서를 드러내기 때문에 우리에게 익숙하고 편안하게 받아들여진다.

부산에 정착하면서 외국인의 신분으로 가질 수 있는 직업은

자존감 건축

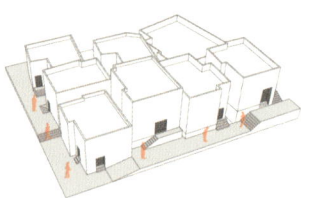

하나의 길에 접했지만 다양한 레벨에 얹혀진 집들

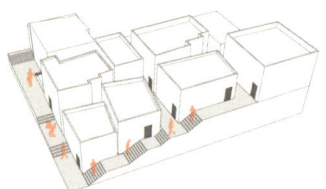

계단과 골목으로 이루어진 길옆에 바로 붙여져 있는 집들

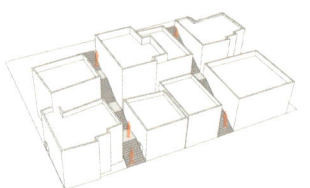

경사지에 계단을 중심으로 형성된 집들

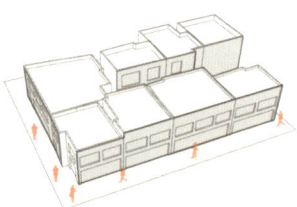

외부에서는 합벽으로 마치 한 건물처럼 보이나, 내부에서는 나누어져 있는 집들

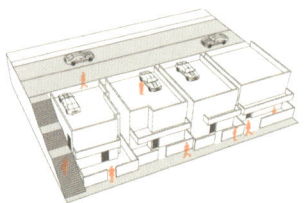

경사지라 옥상에 주차를 하고 하부가 생활공간인 집들

부산 산복도로 주거의 특성

많지 않았다. 돈벌이도 해야 하고 거주할 집도 구해야 했기에 부부는 모닝듀의 성격을 게스트 하우스로 정하고 이 두 가지를 동시에 만족시킬 수 있는 시도를 하였다. 또한 부부가 여행 과정에서 만난 인연이기 때문에 여행자들이 머무는 게스트하우스(도시민박[16])는 부부에게 애틋한 연결고리로서의 의미도 있었다. 집을 짓기 위해 매입한 대지는 우리 지역의 삶과 외세 문물이 직조된 장소에 있었고 이러한 사실은 이 건축작업에 중요한 실마리가 되었다.

이 건축물은 처음부터 주로 여행자들이 이용하는 게스트하우스로 계획되었기 때문에 외지인들에게 볼거리를 제공해야 할 필요가 있었다. 그래서 이 지역의 특성인 초량의 오래된 결을 유지하면서 현대적인 새로움을 표현할 수 있도록 설계하였다. 이곳을 방문하는 이용자들은 내부 계단을 올라갈 때 초량의 가장 큰 지형적 특징인 산복도로나 원도심의 경사지를 오르는 경험을 할 수 있다. 또한 건축물과 구조물 사이의 공간을 거쳐 하늘을 바라볼 때 마치 부산 바다의 수평선과 하늘의 경계 부분을 보는 느낌을 받을 수 있다. 그리고 땅과 건물의 외벽에 드리운 그림자를 보면서 시간의 흐름을 감지할 수 있다. 이런 경험은 "하늘과 땅 사이에 사물이 있다가 나올 때, 비로소 그 존재가 드러난다."라고 하는 '하이데거 이론[17]'에서 착안하였다.

---

16 도시민박은 관광 활성화 및 원도심 재생을 위해서 생긴 새로운 용도이다. 단독주택(230㎡ 이하)에 집주인이 거주하면서 외국인 관광객에만 숙박업(게스트 하우스)을 운영할 수 있는 시설을 도시민박이라 한다.

17 하이데거의 존재론과 주거론에서 세상의 모든 사물은 하늘과 땅 사이에 존재하고, 우리 인간 역시 그 속에서 관계를 만들어간다는 사유이다. 그래서 필자는 사물에 해당하는 건축물을 통해서 인간은 공간과 장소의 관계를 맺는다고 생각하면서 만들었다.

이 건물에 사용한 흰색은 빛에 대한 반응과 그림자의 효과를 적극적으로 표상하기 때문에 공간을 빛과 시간의 영역으로 확장하기 위해 사용하였다. 그 결과, 흰색으로 둘러싸인 공간은 사용자를 아련하게 만드는 기운을 만들었다. 그리고 나의 오랜 건축 방법인 들뜨우기[18]를 사용하여 만들어진 구멍과 비워진 공간들은 도시 전체를 한꺼번에 바라보도록 하는 것이 아니라 조각난 장면으로 도시 일부분만을 보도록 하였다. 이렇게 보이는 부분의 장면은 진정한 부산의 이미지이며 우리 지역에 깊숙이 들어와야만 볼 수 있다. 이때 보이는 지역의 이미지들은 근사하거나 화려하진 않지만, 우리는 소소하게 감동하고 각자의 방식대로 반응하게 된다. 이것이야말로 지역의 일상 경험이 되고 이 경험이 누군가에게 전이된다고 믿을 때 집주인과 건축가는 우리 지역에 대한 자존감을 느낄 수 있을 것이다.

이렇게 건축을 이용해서 외국인인 남편은 부산과 초량, 그리고 한국의 문화를 더욱 알게 되었고, 이슬 씨는 남편이 발견한 지역의 가치를 깨달을 수 있었다. 건축가인 나 또한 원도심과 부산을 새로운 시각으로 보게 되었고 우리가 놓치고 있던 가치를 재발견할 수 있었다.

---

18 들뜨우기는 필자가 적용해온 건축을 구상하는 방식으로 땅에서부터 건물의 기능과 공간까지 건축에 관계된 요소들을 추출하고, 서로 간에 들뜨게(틈이 벌어지게) 하는 방식에서 시작한다. 눈에 보이는 것뿐만 아니라 보이지 않는 요소까지 확장된 개념을 바탕으로 하며, 이렇게 선정된 요소들을 3차원으로 들뜨워 다시 엮어내는 조작을 하면서 공간이나 형태, 볼륨을 만들어내는 방식이다.

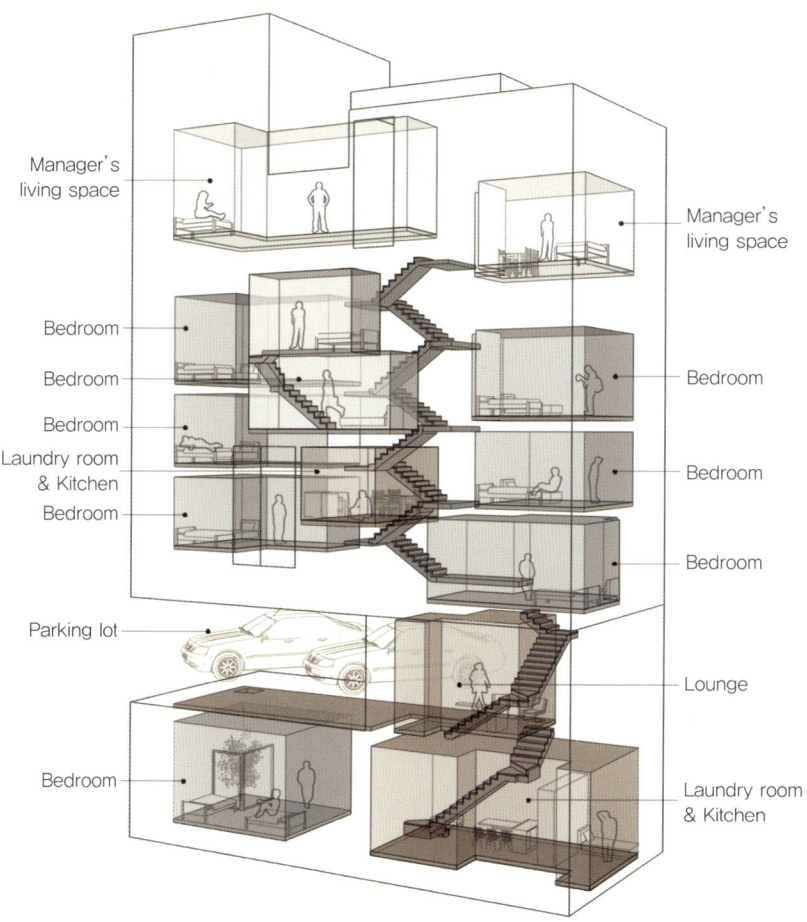

초량 도시민박(모닝듀)의 공간구성(스킵플로어 방식)

오래된 골목길, 비꼴로(Vicolo)

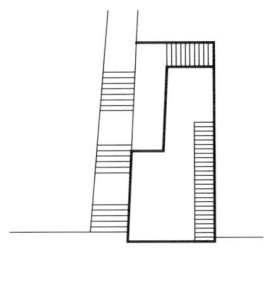

모닝듀의 공사를 관리하기 위해 현장을 찾을 때마다 복잡한 골목으로 이어진 동네의 곳곳을 살피곤 하였다. 골목이나 오래된 건물에 대한 호기심으로 주변 건물과 장소들을 살펴볼 수 있었다. 덕분에 이 골목을 따라가면 어느 길과 연결되는지, 저곳을 통과하면 어느 건물과 만나는지 알 수 있게 되었다. 현장과 가까운 상점의 단골이 되었고, 인근의 건물에서 장사하거나 거주하는 분들과도 인사를 나누는 사이가 되었다. 그러다 보니 어릴 적 가졌던 막연한 두려움(차이나타운, 텍사스 거리, 러시아촌 등에서 발생하는 범죄, 미성년 금지구역 등으로 인한 생각)은 사라졌다. 오히려 중국, 러시아, 한국의 풍속이 반영된 독특함과 상대적으로 작은 필지와 건물들로 연결된 도시구조의 매력을 발견할 수 있었다. "40년 전에는 이 길에 사람이 많아서 밀려다니고, 인기가 좋아서 장사를 위한 점포를 임대하기도 힘들었습니다."라는 인근 어르신의 말씀은 현재 상황과 비교해 믿기지 않았다. 하지만 이 길(초량중로) 주변에 늘어서 있는

건물들의 모습에서 이곳이 한때 부흥기를 간직했던 곳임을 알 수 있었다. 그러나 현재는 아무도 선망하지 않는 동네이고 하수구 냄새와 폐지들이 뒹구는, 숨기고 싶은 모습이 가득 찬 지역이었다.

"사장님 제가 이 위에 짓고 있는 건물을 설계한 사람인데 혹시 이 길에 좋은 물건 없나요?"

"아, 그러세요? 길 건너에 쓰러져가는 적산가옥이 매물로 나와 있습니다."

몇 년이 지난 지금도 이 대화는 잊을 수가 없다. 무엇에 씌었는지 나는 한 치의 망설임도 없이 적산가옥[19]이란 말에 매입 의사를 밝혔고 실물을 살펴보았다. 첫인상에 왼쪽의 골목 경사로는 너무 정겨운 분위기였다. 비록 집은 옆으로 기울어져 쓰러져가고 있었지만 집을 매입하기로 하고 리모델링이나 신축을 내가 직접 진행할 계획을 세웠다. 그렇게 비꼴로 프로젝트가 시작되었다. 몇 년이 지난 지금 생각해도 즉흥적이고 충동적인 결정이었다. 하지만 그때의 선택은 탁월하였다.

이 프로젝트에서 장소의 의미는 오래된 골목길(계단)에서 건축할 때 길이 건축물과 어우러져서 기존 골목길의 경험이 더 풍성해지도록 하는 것에 있다. 그래서 골목에 건축 공간을 덧대는 방법으로 골목의 감성이 건축물의 내부 공간으로 확장되게 하였다. 그리고 건축물의 내부 공간에선 의도적으로 골목으로

---

19 적산가옥(敵産家屋)은 해방 후 일본인들이 물러간 뒤 그들이 남겨놓은 각종 자산 중에 일본인이 소유하였던 주택을 말한다. 그리고 일제 강점기의 건조 방식과 재료를 이용해서 지어진 집을 적산가옥이라고 부르기도 한다.

자존감 건축

시선을 열어두었다. 그러면서 건물의 일부 동선은 반드시 골목길을 거치도록 하였다.

규모나 위치로 볼 때 보잘것없는 비꼴로[20]는 옆의 골목길이 간직한 시간의 감성과 하나가 되면서 그 한계를 이겨낼 수 있었다. 경사 때문에 불편했던 골목길은 건축물의 내·외부 공간과 합쳐져서 풍부한 감성을 지닌 볼거리가 되었으며 후미진 골목은 새로운 길의 분위기를 만들어내었다. 이 골목을 오가던 사람들은 침침하고 후미진 골목에서 당당하게 주변을 향해 카메라를 들이댈 수 있는 변화를 경험하였다. 특히 비꼴로는 각층 이용자들의 자존감을 지켜주기 위한 배려가 담겨있다. 이용자에게 원도심 주변의 자랑거리를 선사하고 감각적으로 주변과 동네를 느끼게 하였다. 이로써 공간이 가지는 규모의 한계를 극복할 수 있게 되었고 작은 규모로 가질 수 없었던 자존감을 갖게 하였다. 일반적으로 선호하지 않는 동네의 작은 건물들은 경제적 이유나 장소의 한계로 인해 사용자의 자존감을 채워주는 역할을 하지 못하였다. 하지만 비꼴로는 그 장소만의 특징을 살려내어 주변과 동화되면서 그 가능성을 보여주었다.

---

20 **설계** 오신욱, 노정민, 하정운, 김대원, 안신, 유성철, 윤정옥, 박규현
대지위치 부산광역시 동구 초량동 **용도** 근린생활시설 **대지면적** 53.00㎡
건축면적 39.26㎡ **건폐율** 74.08% **용적률** 251.09% **연면적** 133.08㎡
높이 13.70m **구조** 철근콘크리트구조 **시공** 태백건설 김태홍

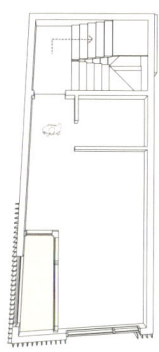
비꼴로 3층 내부 공간구성

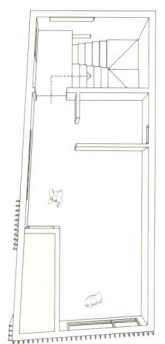
비꼴로 4층 내부 공간구성

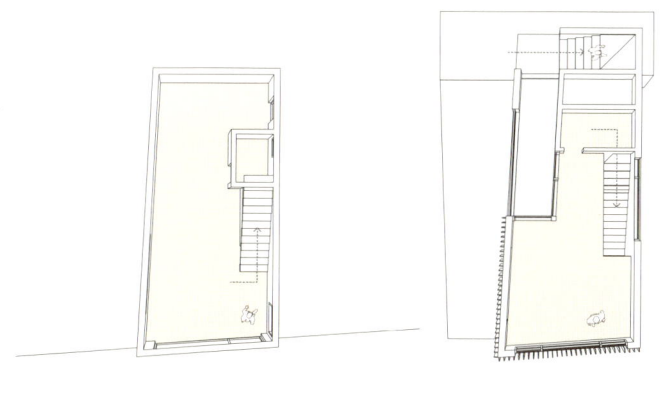
비꼴로 1층 내부 공간구성   비꼴로 2층 내부 공간구성

유로폼 노출콘크리트: 저비용 공법

노출콘크리트는 화려한 시공기술을 전제로 만들어지는 물성의 표현이다. 하지만 이를 시도하기 위해선 큰 노력과 치장 공법, 그리고 비용이 수반되어야 한다. 비꼴로 프로젝트에서는 경제성을 고려한 새로운 대안인 유로폼 노출콘크리트 공법을 적용하였다. 노출콘크리트 공법 중 하나인 유로폼 노출콘크리트는 골조 공사를 위한 거푸집(유로폼)을 사용하고, 그 결과로 만들어진 콘크리트 표면을 그대로 마감하여 완성하는 공법으로 공사비를 절감할 수 있다. 비꼴로는 적정한 공법과 골목과의 관계, 적절한 공간의 크기, 길과 건물의 연속성뿐 아니라 주변과 어울리는 스케일을 찾아내면서 완성되었다. 낮은 층 높이, 휴먼스케일, 작은 매스와 볼륨, 색상, 오랜 빛깔 등은 그 완성도를 높여 준다. 또한 절제된 볼륨에 최소한의 장식을 통해 멀리서 보면 화려하지만 가까이 다가가면 소박한 재료의 감각이 느껴진다. 가까이 다가가면 확인할 수 있는 진정성의 공간으로 주변과 어우러지게 하였고, 재료 본질의 질감, 그리고 주변과 싸우지 않는 규모로 정감 있는 동네의 분위기에 어울리도록 하였다.

초량은 도시 가로의 연속성이 만들어내는 시선과 그 가로에 교차하여 확장되는 골목으로 구성된 지역이 많다. 그래서 대부분의 골목은 집과 건물에 가려져 멀리서는 보이지 않는다. 가까이 다가섰을 때만 골목의 실제 모습을 발견할 수 있고, 손에 닿을 듯한 거리에 도달하면 오랜 추억 속의 장면을 발견할

비꼴로 옆 돌계단(오랜 역사의 유산) 복원

수 있다. 원도심 대부분을 차지하는 산복도로처럼 이 지역의 골목도 우리가 친밀히 다가가기 전에는 실체를 드러내지 않는다. 그래서 비꼴로는 멀리서 바라보면 현대성이 보이고, 가까이 다가가서 보면 건축 재료(노출콘크리트)의 거친 느낌과 작업자들이 직접 손으로 만들어낸 실체를 경험할 수 있게 해준다. 또한 외부 루버는 직접 다가가서 시선의 각도를 맞추기 전에는 우리에게 내부를 보여주지 않는다.

비꼴로를 이용한 자존감 회복은 완공 후 실질적으로 사용되면

자존감 건축

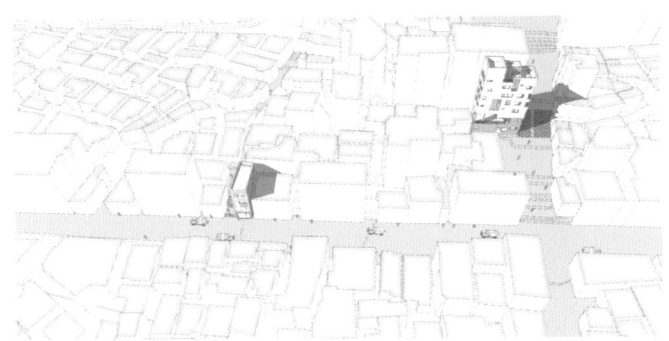

비꼴로와 모닝듀가 들어선 동네

서 더욱 가속되었다. 물론 건물이 지어질 때 생기는 자존감도 있지만, 실제 사용하면서 더 강하게 주변으로 그 영향력이 뻗어나가고 있다. 이 건축은 공간을 사용하는 방법과 공간이 존재하는 방식을 알려주며, #갤러리카페, #건축카페, #편집공간으로 자리 잡으며 살아 움직이는 공간이 되었다. 특히 건축가가 직접 공간을 만들고 운영한다는 점이 지역주민들에게 주는 의미가 컸을 것이라 본다.

비꼴로가 만들어낸 작은 변화의 물결

이 건물 왼편의 낮고 작은 돌계단은 아련한 추억이 깃들어져 있다. 마치 우리에게 손짓하는 듯 살아 있다. 비꼴로는 이 골목에 살짝 붙어 만들어진 확장 공간이다. 이 공간은 건축에서 시작해서 미술, 음악, 영화가 함께 어우러져 다시 골목으로 전이되는 공간이다.

평소 들어가기 꺼려지는 갤러리가 아니라 편하게 방문할 수 있는 미술품이 있는 카페이자 젊은 작가들의 작업과 작품을 소개하고 중개하는 문화 공간이 되었다. 하나의 공간이지만 다양한 문화 활동이 가능한 공간으로 성장하고 있다. 지역민들이 쉽게 예술과 문화를 접할 수 있는 공간이면서 타지역의 건축가나 예술가가 부산을 방문하면 잠시 시간이 날 때 들러 구경하고 쉬었다 가는 공간이다. 이곳은 언제 찾더라도 항상 문화가 있는 지역의 소소한 장소가 되어가고 있다.

오픈과 동시에 지역의 작가들이 모여서 '집들이전'이라는 전시회를 개최하였다. 비꼴로는 협소 빌딩이고 초량의 대표적인 차이나타운 가까이에 있다. 이곳이 우리 모두에게 다양한 기억을 회상시키는 장소가 되어주길 바라는 마음을 담아 집들이를 하는 것처럼 20여 명의 작가가 모여 전시회를 열었다. 실질적인 사용 전에 미술 작가들이 시범적으로 공간을 활용하여 자신의 작품을 소개하는 전시였다. 이런 행사는 지역에 문화의 씨앗을 뿌리는 것과 같다. 그래서 건물이 완성된 초기에는 갤러리가 생겼다는 소문이 났다. "이런 후미진 동네에 누가

비꼴로에서의 집들이전 기록

갤러리를 만들었을까? 유지가 될까?"라는 의구심도 있었고 지나다니는 외국인들이 신기해하면서 전시를 관람하기도 했었다. 이 공간은 시간이 지나면서 서서히 동네 협동조합의 이야기 장소로 이용되기도 하고, 건축가 단체의 회의 장소, 각종 포럼의 아지트 및 강연 장소, 그리고 개별 수업을 진행하는 공부방으로 이용되고 있다. 이런 과정에서 비꼴로는 초량의 새로운 문화 공간으로 자리 잡았고, 주변 주민들에게는 '우리 동네에 이런 건물이 생겼다.'라고 이야기할 수 있는 소소한 자랑거리가 되었다.

원도심에서 만들어진 두 개의 건축물(비꼴로와 모닝듀)은 부산의 집이 갖추어야 할 많은 부분을 인지하는 것에서부터 시작되었다. 그래서 지역의 공감을 끌어낼 수 있었다. 특히 주변에 '이 지역에서도 가능하다', '나도 사람들의 관심을 받는 건물을 만들 수 있다', '이 동네도 자랑할 수 있는 장소가 될 수 있다'는 것을 보여주었다. 그러자 주변 지역에 작은 변화가 일어났다. 건물 전체를 리모델링하여 게스트하우스로 운영하는 곳이 생겼고, 가로변에는 새로 건물을 짓는 곳도 생겨났다. 그리고 인근의 작은 건물들은 리모델링 하여 새로운 기능의 공간으로 거듭났다. 특히 골목을 마주한 건재상은 새로운 문화 공간이 되었다. '왜'라는 이름을 가진 이 공간은 기존의 오랜 흔적을 그대로 간직하고 있으며, 건물 외벽에는 시인 이상의 글귀가 적혀있다. 이상의 글귀를 보기 위해 행인들은 이 건물 앞을 지나갈 때마다 잠시 머무른다. 뒤이어 인근의 작은 꽃집도 전면을 고쳐 '왜' 그리고 '비꼴로'와 어우러지는 분위기를 가지게 되었다. 이렇게 동네 주민들이 함께 골목을 문화의 공간으로 바꾸기 위해 애쓰고 있다.

이처럼 나는 지역에서 건축가로서 할 수 있는 일들을 하나씩 '실천'하고 있다. 아직은 미약하지만 비꼴로를 통해 증명되었듯이 작은 변화의 물결이 어떤 방향으로든 우리의 지역에 큰 파동을 만들어 낼 것이라 믿는다.

골목을 향하여 열린 〈비꼴로〉와 〈왜〉 관계

신축한 〈비꼴로〉와 리모델링한 〈왜〉

일제강제동원역사관

유엔평화기념관

모여가

꼬마주택

부산문화회관

일오집

발도르프학교

유엔기념공원

5

함께 살아감의 가치

모여가

도로 면에서 보이는 모여가는 각층이 다른 각도로 비틀어져 있어서
한집 한집이 다른 집임을 알 수 있다.
그 옆에 비워진 공간들은 모여가의 내부에
다양한 공간들이 있다는 것을 암시한다.
하부의 구조물은 외부로부터 경계를 드러내고,
흰색의 재료는 현대적인 이미지를 전해준다.

작지만 아이들을 위한 놀이 공간이 다양하게 있다.
계단 아래, 주차장, 화단, 테라스 등 어떤 곳이라도 빈틈만 있다면
아이들의 놀이터가 될 수 있다.
특히 수영장은 여름 내내 이용되고 있다.
그리 덥지 않은 날에도 아이들은 물놀이를 즐긴다.
겨울에는 수영장의 상부가 아이들이 놀이를 하거나
그림을 그리는 공간으로 사용된다.

3층 테라스에는 아이들의 호기심을 자극하는 작은 구멍들이 있다.
이곳의 한쪽 면에는 이준이를 위한 사과나무가 심어져있다.
도심의 아파트에서는 좀처럼 갖기 힘든 큰 테라스이다.

단독주택형인 승준이네의 계단은 공부를 하거나
놀이를 즐기는 공간이 되었다.
왕성한 남자아이들이 체력을 다 쏟아부을 수 있는 놀이터가 된 것이다.
옥상으로 나가기 전에 있는 계단 발코니는
아이들이 제일 좋아하는 공간이 되었고,
이곳에서 낮잠, 독서, 놀이 등 다양한 활동이 일어나고 있다.

아파트 불장과 다세대주택

'부동산 불장'은 아파트를 중심으로 부동산 가격의 증가 속도가 마치 불타는 것처럼 급격히 올라가는 것을 뜻하는 신조어다. 즉, '부동산 과열'을 능가하는 매수 분위기를 일컫는 말이다. 이렇게 너도나도 사고자 하는 아파트는 공동주택으로 분류되는 주택 중 하나이며 사람들이 가장 선호하는 집의 형태이자 투자의 수단으로 자리 잡고 있다. 공동주택은 규모나 면적의 기준에 따라 아파트, 연립주택, 다세대주택으로 구분되지만, 일반적으로 우리는 공동주택을 투자의 대상으로 인식하기 때문에 아파트, 빌라, 오피스텔로 구분한다. 그중 오피스텔은 실제 형식과 규모가 아파트와 유사하더라도 법적인 용도가 업무시설로 되어 있어 보유세나 취득세가 높아 가격 상승에는 한계가 있었다. 다세대주택은 대부분 층수나 면적의 규모가 제한되어 소규모가 대부분이고 선호도도 낮다. 그러다 보니 아파트의 인기가 가장 높고, 최근 부동산 불장의 분위기에 편승하여 공간이나 건축적인 구성 내용과 무관하게 단지의 입지와 브랜드만으로 가격이 치솟고 있다. 경제학자나 부동산 전문가의 이론과 분석을 번외로 하더라도 우리 사회에서 아파트를 제외한 주거는 아파트와 비교해 가격 상승률이 저조해 선호되지 않는다. 또한 아파트는 소유하면 언젠가는 경제적 가치가 오르지만, 다세대주택이나 오피스텔은 장시간이 지나도 집값이 오르지 않는다고 모두가 믿고 있다.

어느새 주요 대도시의 아파트 가격은 10억 원을 훌쩍 넘어버렸다. 우리가 아파트를 부동산의 가치로만 인식하게 되면서 우리의 삶은 아파트를 사기 위해 애쓰며 점점 그 소유욕에 지배당하는 꼴이 되었다. 좋은 브랜드의 아파트는 부의 상징이 되었고, 특정 브랜드의 아파트를 소유한 이들은 주위의 부러움을 사게 되었다. 그래서 우리는 아파트를 소유하기 위해 개개인이 꿈꾸던 집을 포기하며 살고 있다. 심지어는 젊은 사람들도 소위 '영끌'('영혼까지 끌어모으기'의 줄임말)하며 아파트를 사기 위해 온 힘을 쏟는다. 특히 1980년대 후반부터 건축의 과정을 거치며 만들어져야 할 자존감이 아파트의 소유 여부를 통해서만 결정되는 몹쓸 사회적 분위기가 조성되었다. 이러한 이유로 다세대주택은 재력이 부족하거나 아파트를 소유하지 못하는 계층의 주거 공간이 되었고, 돈을 벌면 다세대주택을 벗어나 아파트로 이사 가는 꿈을 꾸는 사회가 되었다.

우리나라는 근대화되면서 양식 스타일의 집(양옥집)이 일시적으로 많이 공급되던 시기가 있었다. 이때 주거는 형식이 우선되었고, 형식에 치중한 집을 단시간에 짓고 공급하는 일을 경제적 수단으로 활용하는 사업자들이 늘어나게 되었다. 그러나 이들이 지은 집은 거주하는 개개인의 특성에 맞춘 집이 아니었다. 건축의 질은 오로지 단순한 쉘터 기능에 따라 평가되었으며, 특히 주택에서 중시되어야 하는 '거주자의 라이프 스타일'과 '공간의 가치'에 대한 인식이 부족하였다. 그럼에도 집을 지어 공급하는 사업은 유망한 돈벌이 수단이 되었고, 이 시기에 집을 지어 판매하던 사업자는 돈을 잘 버는 집장사로 불렸다. 이들 중 대단지의 아파트를 건설하고 분양하는 사업자는 건설회사가 되었고, 그렇지 못한 개인사업자들은 작은 단독주택이나 다세대주택을 지어서 파는 집장사가 되었다.

이처럼 대부분의 다세대주택을 집장사들이 공급하다 보니 아파트와 비교해 무시를 당하였고 공사의 품질도 날림이라는 오해를 받았다. 또한 최소한의 주거형식으로 최대한의 경제적 이익을 추구하기 위해 만들어졌기 때문에 조잡하고 부실할 것이라는 인식이 만연하였다. 그리고 이렇게 만들어진 다세대주택은 거주자의 요구, 특성이나 공간의 가치에는 관심 없이 시행자의 이익에만 초점이 맞추어져 있었다.

왜 우리는 다세대주택을 선호하지 않을까? 왜 다세대주택은 아파트보다 투자 가치가 없게 되었을까? 아파트의 부동산적 수단 이상으로 다세대주택의 특별한 가치가 만들어진다면 상황은 달라질 것이다. 즉, 우리 사회에서 다세대주택이 외면당한 원인을 파악하여 아파트에서는 얻을 수 없는 특별한 가치를 만들 수 있다면 상황은 달라질 것이다.

건축가 VS 업자

다세대주택은 법적으로 4층 이하, 연면적 660㎡ 이하의 규모이므로 대부분 8세대 내외로 이루어져 있다. 주차 여건이 좋지 않고 하나의 계단실을 중심으로 각 집을 드나드는 구조가 대부분이다. 또한 층수가 낮아 도심에서 햇빛이 잘 들지 않고 환기도 부족하다는 취약점이 있다. 집장사가 '빌라 한 동을 지어서 팔면 집 한 채가 남는다.'라는 말이 떠돈다. 그만큼 건축자재나 단위 공간, 입지와 주변 인프라 등에서 뒤떨어진 집으로 인식되는 것이다. 특히 사업성을 위해 낮춘 천장과 그로 인한 내부 공간의 옹색함은 거주자에게 감성적인 부분에서 치명적인 결핍 요소가 된다. 하지만 다세대주택의 많은 결핍 요소들은 싼 집값에 대한 이유로 당연하게 받아들여졌고, 우리 모두 이를 감수하면서 익숙해졌다. 그래서 작은 땅에 여유 공지 없이 건물을 채운 방식이 많았고, 마당이나 테라스 같은 공간은 부족하고, 공용 공간의 비율도 매우 낮게 만들어졌다. 그래서 내·외부에 집의 가치를 결정하는 여유 공간이 심각하게 부족하였다.

특히 땅에 지을 수 있는 최대한의 용적만큼 전용 부분을 채우기 때문에 우리가 흔히 접하는 빌라나 원룸, 연립주택은 여유로운 공용 공간과 외부 공간을 가지고 있지 않다. 또한 대부분 적정 크기의 세대를 최대한 많이 확보하기 위해 모든 여유 공간을 포기하면서 사업성을 높여 왔기 때문에, 요즘처럼 코로나(COVID-19)로 인해 어쩔 수 없이 집에 머무르는 시간이 늘어나는 상황에서는 여유 공간이 없다는 사실이 더욱 아쉽다.

그리고 다세대주택은 유행이나 재료의 생산 주기와 맞물려서 항상 시대별로 가장 저렴하게 생산되는 외장 재료가 사용되었고 경제적으로 가장 유리한 공법이 적용되었다. 이에 따라 누가 처음 시행했는지 알 수 없는 외관 디자인과 재료는 순식간에 전국적으로 퍼졌으며, 그 결과 우리는 자연스럽게 빌라는 대부분 못생기고 개성이 부족한 집이라는 인식을 갖게 되었다. 그리고 전국 어디에서나 볼 수 있는 유사한 형태의 다세대주택은 업자의 상품이 되고 말았다.

아파트를 위한 대규모 토지가 부족하고 아파트 불장인 상황에서 다세대주택을 신축하는 것은 몇 가지 유리한 점이 있다. 아파트보다 인접 대지와의 떨어진 거리도 완화되고 접한 도로의 조건도 유연하다. 또한 건설비에 대한 부담도 적어 일반인들이 어렵지 않게 추진할 수 있다. 그래서 민간에서도 사용자가 스스로 짓는 경우가 생겨나고 있다. 그뿐 아니라 다세대주택은 다양한 주거 형태이기 때문에 여러 가지 공간 변형을 시도해 볼 수 있다. 고가의 아파트에 비해 손쉽게 소유하면서 거주할 수 있는 장점이 있으므로 중산층에게 새로운 기회를 줄 수 있는 주거 형태이다.

그런데 우리나라, 우리 지역에서는 다세대주택이 왜 '업자들의 빌라 같은 모습' 밖에 안 될까? 디자인하고, 짓고, 공급하고, 살아가는 사이클 전체가 이미 관습에 지배당하고 있기 때문이다. 사회 속에서 발생하는 다양성을 무시하고 존중하지 않은 결과이다. 무엇보다 경제적으로 공사비를 보편화시켜서 '평당 얼마'라고 기준을 삼기 때문이다. 그러다 보니 다세대주택을 선택할 때 이미 기준을 낮게 정하고 별 기대 없이 적당하게 마음을 놓아 버린다. "빌라인데 이 정도면 됐지."라는 생각으로 결론을 낸다. 다시 말하면 다세대주택의 이면에는 건축 과정에서 얻을 수 있는 다양한 가치가 무시되고 오직 집만 소유하면 된다는 인식이 전제되어 있는 것이다. 이것은 우리가 가지고 있는 무서운 결핍이며, 이러한 결핍 때문에 많은 가능성을 억압당하면서도 깨닫지 못하고 있다. 심지어 자신의 생활방식이나 필요한 공간, 취향과 꿈을 위한 공간 요구는 조금도 언급하지 못한 채 집을 사고 그곳에서 무심코 살아간다. 그리고 이러한 상황에 반감은커녕 익숙한 듯 당연하게 받아들이면서 살고 있다.

다세대주택을 짓고자 하는 이들은 왜 건축가를 찾지 않았을까? 대중이 건축가를 찾지 않고 집장사를 찾았던 이유는 크게 두 가지다. 첫째, 건축의 과정 그리고 건물의 품질과 가치를 결정하는 중요한 단계가 무엇인지 몰랐기 때문이다. 그 누구도 설계 과정의 중요성을 가르쳐 주지 않았다. 둘째, 집이 자산 가치로만 평가되었기 때문에 설계까지도 경제적 관점에서 유리한 선택만을 강요당해 왔다. 그리고 건축 과정에서 건축가의 역할을 제대로 경험하지 못했기 때문이다. 하지만 최근에는 우리의 문화가 성장하면서 주거의 질에 관한 관심이 커지게 되었다. 그로 인해 건축가의 역할이 집의 가치뿐만 아니라 경제적인 이익에도 이바지한다는 사실을 경험하게 되었다. 그래서 집장사로 불리던 수준의 집에서 점차 건축가의 작업을 거쳐 만들어진 집으로 관심이 이동하고 있다.

건축가와 함께 하는 '집 짓기 작업'은 우선 건축의 모든 과정에서 집주인이 꿈꾸던 것들이 중심이 된다. 꿈꾸던 공간, 형태,

볼륨을 가질 수 있을 뿐 아니라 예측하지 못했던 가치를 발견하고 얻을 수도 있다. 그리고 설계와 시공의 과정에서는 건축가가 제시한 모든 결과물에서 자신의 라이프 스타일을 존중받게 된다.

경제적인 부분 역시 건축가의 개입으로 큰 효과를 누릴 수 있다. 비록 설계비가 집장사를 찾는 것보다 고가여서 불리하게 보이지만, 건축가의 개입으로 불필요한 공사나 의뢰인에게 불필요한 요소들을 사전에 조율하여 궁극적으로는 이득이 더 늘게 된다.

우리는 집이 단순한 자산 가치를 넘어서 우리 삶의 가치와 내면에 선한 영향을 미친다는 것을 학습하는 중이다. 그래서 점점 집장사보다는 건축가를 찾고, 건축가에게 약간 더 많은 설계 비용을 지급하더라도 설계와 시공의 과정에서 자신의 생각이 반영된 집이 지어지길 바란다. 오랜 시간 동안 자신이 꿈꾸던 집을 누리고 사는 것이 오히려 가성비가 훨씬 좋다는 것을 깨닫게 될 것이다.

각자의 꿈을 실현하는 다세대주택

도심에서의 새로운 주거 대안은 분명 존재한다. 다만 건축가와 의뢰인(거주자), 시공자, 시행자가 찾지 못하고 있을 뿐이다. 관습적인 틀에서 벗어나지 못하고, 가보지 않은 길이라 쉽게 접근하지 못한 결과이다. 심지어 건축법규에 의해서도 틀이 규정되어 있는 상황이라 새롭게 시도해 볼 엄두가 나지 않았을 것이다.

분양 사업을 위해 업자들이 짓는 빌라는 보편성에 초점을 맞추어야 성공한다. 어느 특정 가족에게 적합한 구성으로 지을 수 없다. 거주자가 결정되어 있지 않은 상태에서 누구나 들어와 살 수 있는 집을 목표로 하기 때문에 개별성을 배려할 수 없다. 그렇다 보니 획일적이고 표준화된 다세대주택에 살면서 우리의 자존감을 존중받기가 더 힘들었다.

나는 '여럿이 모여 살 수 있는 다세대주택'을 도심에서의 새로운 주거 대안으로 제안한다. 주택의 장점을 최대한 살리고 아파트에서 발생하는 단점을 보완해 주는 것에서 시작하면 된다. 즉 아파트의 보안 문제를 해결하고, 안전성과 독립성을 확보하면서 드라마 '응답하라 1988'에서 보여준 '동네의 정서'와 '골목을 중심으로 이루어진 관계'를 만들어주면 이상적인 주택이 될 수 있다. 특히 작은 규모의 땅으로도 단독주택의 장점인 마당과 복층 구성을 가질 수 있고, 큰 땅과 자본이 없어도 커뮤니티를 누릴 수 있다. 마치 단독주택처럼 거주자 개개의 삶을 반영할 수도 있고, 경제적 여건에 맞추어 공간의 크기도 조절할 수 있다.

처음부터 함께 살아갈 구성원들이 모여 집을 지었던 프로젝트 '모여가'가 바로 그 사례이다. 모여가[21]는 공동주택으로 다세대주택이지만 구성원들의 다양성은 포기하지 않으면서 평소에 꿈꾸던 집을 완성한 작업이다. 이처럼 거주자들의 다양성을 사전에 반영하는 시도가 늘어나면 다세대주택이라도 도심의 새로운 주거 대안이 될 수 있을 것이다.

---

21 **설계** 오신욱, 노정민, 안신, 유성철, 윤정옥, 최윤정, 임아현, 김다영
대지위치 부산광역시 남구 대연동 **용도** 다세대주택, 근린생활시설
대지면적 678.00㎡ **건축면적** 400.06㎡ **건폐율** 59.01% **용적률** 120.92%
연면적 819.83㎡ **높이** 12.00m **구조** 철근콘크리트구조
시공 ㈜콘크리트공작소 한상우

모여가: 여덟 가구 30명이 모여서 집을 짓다.

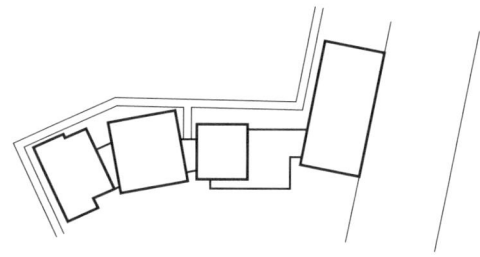

오래전부터 가까운 사람들끼리 모여서 집을 짓고 더불어 살아가는 것은 많은 이들의 꿈이고 희망이었다. 그래서 나름의 목적을 가진 사람들이 모여서 집을 지으려는 시도가 점점 늘어나고 있다. 동호인 주택이나 코하우징(Co-Housing), 쉐어하우스(Share House) 등이 그 예이다. 그렇다 해도 실제로 함께 모인 모든 구성원의 의견을 수용하면서 집을 짓는다는 것은 현실적으로 매우 어려운 일이다. 그러다 보니 함께 짓게 되는 집은 흔히 빌라라고 불리는 다세대주택의 유형일 수밖에 없었다. 또한 땅의 크기, 주변의 상황, 공사비 등의 이유로 천편일률적인 형식이 대부분이었다. 그런데도 '모여가'는 도심에서 공사비의 과도한 투입 없이 각자의 가족 구성과 라이프 스타일뿐 아니라 개별 예산에 맞출 수 있는 집이 되었다. 특히 집마다 각각 공간과 외부 형태를 달리 구성함으로써 평소에 가지고 있었던 집에 대한 꿈과 생활방식에 맞춘 집을 실현하였다.

자존감 건축

승준이네 지오네 리율이네

그린이네 지우네

5 — 함께 살아감의 가치

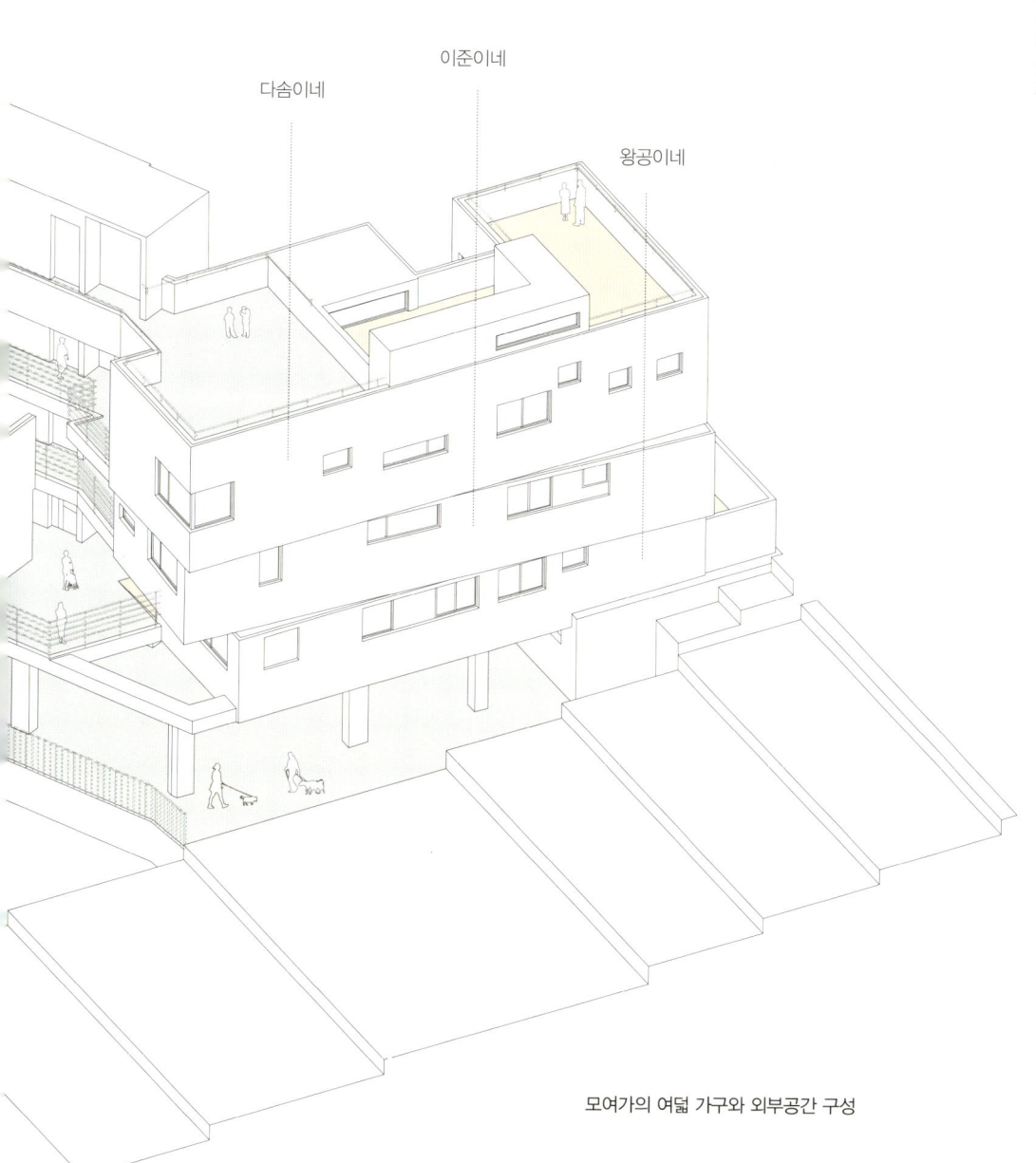

모여가의 여덟 가구와 외부공간 구성

젊은 부부들은 전원으로 쉽게 나가지 못한다. 각자의 일터가 도심에 있고, 아이들도 도시에서 좋은 교육을 받아야 하기 때문에 교육 환경이 좋은 지역을 떠나기 쉽지 않다. 그러나 도시의 아파트는 대량 공급과 생산성에 초점을 맞춰지어진 형식이어서 아이들에게 집에 대한 감성적 기억과 경험을 만들어주지 못한다. 그래서 아이들을 좀 더 아이답게 키우고 싶은 부모들이 모여 집 짓기를 시작하였다. 부모들은 안전하게 함께하는 육아를 기대하면서 자신들의 특별한 개성이 드러나는 집을 가지고 싶어 하였다. 정감 있는 골목과 동네를 만들고 싶었고, 각자의 아이들에게 많은 형제와 친구들을 만들어주고 싶었다. 그래서 여덟 가족, 약 30명은 건축가인 나와 함께 적합한 땅을 찾고 그곳에 집을 짓기 위해 행복한 여정을 시작하였다.

우리는 '집을 지은 후 어떻게 살고 싶은가'에 대한 질문의 답을 함께 고민하고, 서로의 생각과 상황, 육아의 방법 등을 공유하면서 아이들을 위한 작은 마을을 만들기 시작하였다. 그 과정에서 구성원들은 누군가의 친구, 누군가의 형제자매가 되었으며, 아이들도 서로 친해졌다. 모여가는 먼저 선후배, 지인 그리고 자매가 각각 시작해 여덟 가구의 사회적 관계로 확장되었다. 살던 아파트를 팔아서 대체할 수 있는 경제적 범위 안에서 새로운 집을 완성하였고, 구성원들은 기존의 직장과 평소의 문화생활 기반을 유지할 수 있게 되었다. 무엇보다도 공동의 목표였던 각 집의 아이들을 서로 도와가면서 안전하게 키울 수 있는 집이 되었다. 그래서 이 집은 아이들을 위한 새롭고 멋진 동네가 되었다.

모여가 속 집은 집에 대한 각자의 바람과 개별 가족의 기호와 취향을 대부분 반영한 전용공간으로 완성되었다. 각 집의 평면, 공간 구성, 마감 재료와 시공 방식은 개인의 선호도에 따라 차별화하였고, 개별로 집을 소유하여 언제든지 사고팔 수 있는 조건이 되도록 하였다. 이러한 시도는 각자의 집에 대한 개별성, 다양성을 존중하는 결과로 이어졌고, 그 과정에서 각 집의 자존감은 유지될 수 있었다.

전용공간을 먼저 규정하고 남는 여유 부분에 공용공간을 만들어가는 전통적인 공간 구성 방식과는 다르게 설계를 진행하였다. 무엇보다 이곳으로 이사 와서 하고 싶은 생활 공간들을 먼저 만들었다. 그것은 아이들을 위한 작은 놀이 공간과 서로의 집 사이에 시각적·공간적인 소통이 가능한 장치(테라스, 마당, 발코니, 공동마당, 데크, 수영장, 공부방 등)들이었다. 그리고 그것을 집과 집 사이에 3차원적으로 위치시키고, 그다음에 각자의 공간에서 바라보고, 누리고, 점유할 수 있도록 하였다. 각자의 집은 가족의 라이프 스타일과 평소에 꿈꾸던 집의 구조와 공간으로 계획하였다. 이 과정을 통해 가지고 싶었던 공간을 찾아가면서 그들이 꿈꾸던 로망이 점점 구체화되었다.

지오네

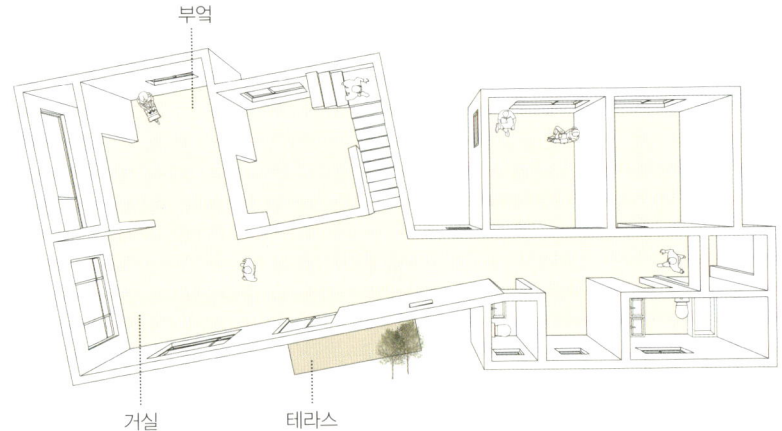

지오네 내부 공간구성

지오네는 아이들끼리 어울리면서 생명력과 사회성을 건강하게 성장시킬 수 있다는 교육적 믿음을 갖고 있었고, 그렇게 살아갈 집을 원하였다. 그리고 아이들을 위한 작고 소소한 공간들을 만들어 달라고 요구하였다. 그래서 가끔 모여 공동으로 이용 가능한 기능의 공간을 계획하고 집과 집 사이를 오가면서 교류할 수 있는 매개공간을 만들었다. 집의 내부에는 외부와 연결되는 중간적인 공간을 넣어 아이들의 다양한 행동을 수용할 수 있는 집이 되게 하였다. 집과 집 사이의 관계를 위해서 출입구 앞에는 작지만 큰 영향력이 있는 포켓 공간들을 만들었다. 이 포켓 공간과 주 계단 사이에 층별로 큰 테라스를 제안했는데, 이 테라스는 아이들의 놀이터, 어른들의 교류 장소가 되었다. 지오네 집은 거실과 주방에 접한 테라스를 만들어 자연스럽게 내·외부가 연결되게 하였고, 전용 옥상을 만들어 내부에서 직접 올라가 쉬거나 풍광을 경험하도록 하였다. 또한 거실을 중심으로 모든 방향으로 창을 만들어 남향의 채광과 서향의 조망을 동시에 얻을 수 있도록 하였다. 그래서 이러한 조건에 최적화된 4층을 권하였다.

다솜이네

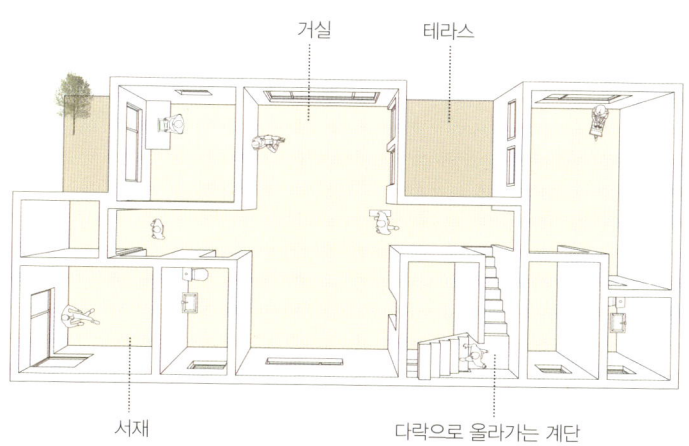

다솜이네 내부 공간구성

다솜이네는 남향집을 원했고, 다자녀 계획이 있어 다락같은 추가 공간 등 다른 집에 비해 좀 더 너넉한 공간이 필요하였다. 그래서 거실과 침실 사이에 중정 방식의 테라스를 만들고, 상층부에 다락과 작은 옥상을 만들었다. 거실의 높은 천장에는 긴 창을 만들어 채광뿐만 아니라 다락에서 거실을 바라볼 수 있게 하였다. 아빠의 유일한 요구 사항은 코너 창이 있는 전망 좋은 서재와 자신이 게임할 수 있는 공간이었다. 그래서 서쪽에 도시 조망이 가능한 방을 만들고 원하던 책상과 창을 완성하였다. 그런데 이 집에 이사를 온 지 1년이 지났지만 서재에서 게임 한 번을 제대로 못 했다는 고백을 들었다. "소장님, 이곳에 이사를 오니 게임할 시간이 없어요. 옆집 아이들이 아프다면 달려가야 하고, 아빠들끼리 모여야 하고, 단체로 청소도 해야 하고, 아이들과 중정이나 다락에서 놀아줘야 해서 정말 시간이 없어요. 그래서 이제 게임 생각도 안 나요."라고 말하였다. 이 집은 아파트와 달리 모든 곳이 놀이 공간이 될 수 있다. 아이들, 그리고 이웃과 다양한 일상을 공유하며, 자연스레 함께하는 시간이 늘어난 것이다. 우리가 함께 살아야 하는 이유가 이런 것이 아닐까.

리율이네

리율이네는 공적 공간과 사적 공간이 적절히 분리되어 프라이버시가 유지되는 집과 내부적으로 수납과 동선이 최적화된 생활방식을 원하였다. 그리고 일반적인 집의 구조보다는 독특한 개성이 묻어나는 집을 요구하였다. 그래서 집의 길이가 긴 3층을 권하였고, 방과 방 사이에 작은 발코니와 테라스를 만들었다. 이 집에는 무려 5개의 작은 테라스가 있다. 거실 앞에는 승준이네의 옥상이 공유되며 큰 테라스가 만들어졌고, 프라이버시를 지킬 수 있는 몇 개의 독립적 테라스도 갖게 되었다. 수납

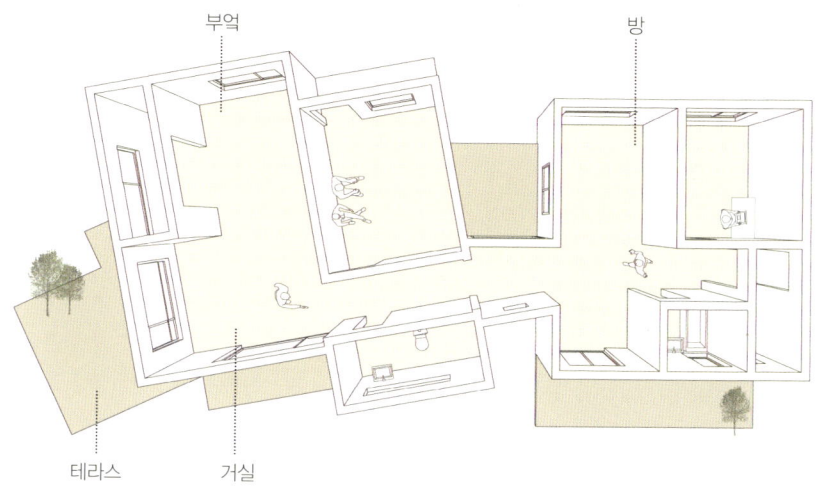

리율이네 내부 공간구성

의 효율성을 높이기 위해 방과 복도 사이에도 벽 대신 수납 가구를 설치하여 수납과 공간 분할을 동시에 할 수 있도록 하였다. 리율이네는 평면상으로 구획된 방은 1개밖에 없다. 모든 경계 벽은 수납을 위한 가구의 역할을 한다.

이준이네

이준이네는 거실 앞에 큰 전용 테라스를 갖고 싶어 했고, 이 테라스를 거실뿐만 아니라 아이들 방에서도 볼 수 있기를 원하였다. 그래서 아이들의 방과 거실 사이에는 큰 개방형 창을 만들고 항상 거실과 열려있게 하였다. 아이 방에서 거실을 향해 바라보면 테라스까지 시선이 연장된다. 아이들은 거실과 방 사이의 큰 창을 넘어 거실과 방을 오가곤 한다. 창이 마치 놀

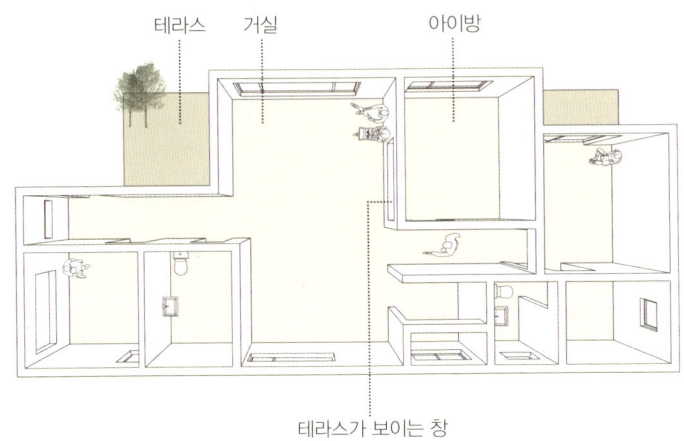

이준이네 내부 공간구성

이기구가 되었다. "이준아, 새집을 짓게 되면 무엇을 갖고 싶니?"라고 물어본 적이 있다. 이때 이준이는 "사과나무 심어주세요."라고 답하였고, 나는 그 약속을 지키기 위해 집 앞의 테라스 모퉁이에 작은 사과나무 한 그루를 심었다. 이 테라스는 이준이네만의 것이 아닌 모여가에서 가장 중심이 되는 아이들

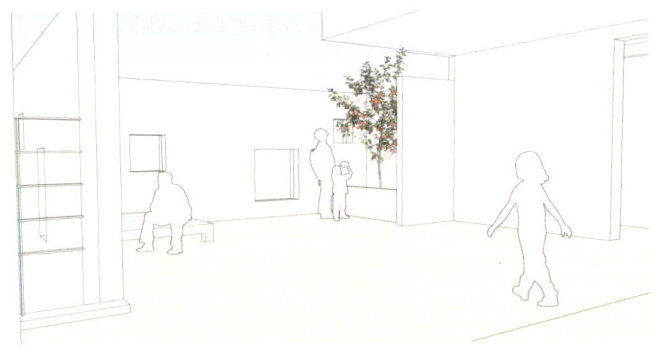

모여가 사과 나무

의 공간이며, 각자의 집에서 부모들은 테라스에서 노는 아이들의 모습을 쉽게 볼 수 있다.

승준이네

승준이네는 단독주택과 같은 집을 원하였다. 그래서 독채 형식의 복층 집을 제안하였다. 이 집은 1층에서 진입하고 가족실 앞에는 전용 마당이 있으며, 2층과 옥상을 오가는 계단이 중심이 되는 구조이다. 그래서 계단을 아이들의 놀이 공간으로 활용할 수 있도록 하였다. 특히 2층에서 옥상으로 나가기 전에 만든 계단 중간의 작은 발코니는 아이들의 호기심을 자극하였다. 아이들은 이곳에서 놀고, 책을 보며, 잠을 자기도 한다. 다른 집 아이들도 놀러 오면 한 번씩은 이 발코니에 올라가서 자세를 취한다.

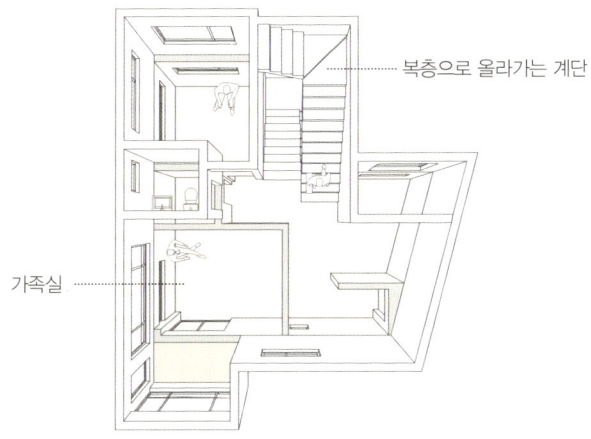

승준이네 내구 공간구성 (복층)

자존감 건축

왕공이네와 지우네

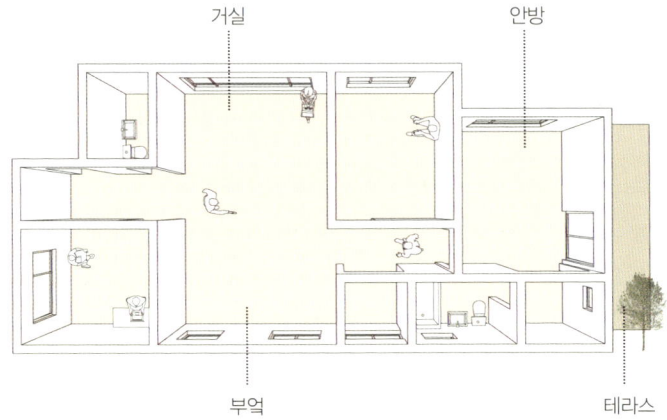

왕공이네 내부 공간구성

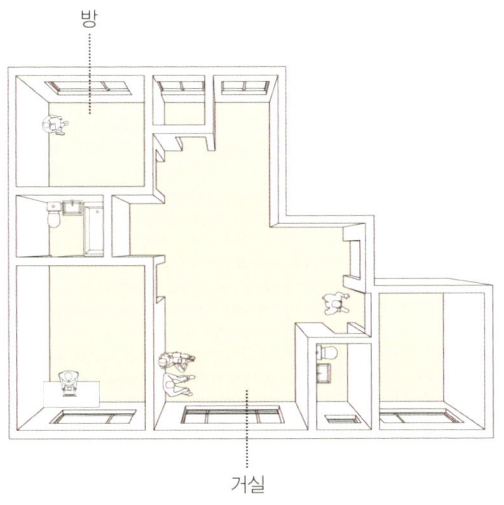

지우네 내부 공간구성

왕공이네와 지우네의 엄마들은 자매이다. 그래서 서로 자주 교류하길 원하였다. 그리고 지우네는 예산이 약간 부족하여 집의 크기는 작지만, 공간의 기능은 우수한 집을 원하였다. 그래서 가구의 크기도 미리 확정하여 10㎝의 여유까지도 최대한 활용하는 등의 공간 계획을 세웠다.

왕공이네는 왕공이라는 태명을 가진 아기가 곧 태어날 예정이었기 때문에 안방 중심의 생활을 원하였다. 그리고 자매간의 관계를 고려하여, 왕공이네와 지우네는 2층에 함께 배치하고 큰 테라스를 서로 마주 보게 하였다. 이 테라스 덕분에 두 집은 이웃보다 더 친밀한 가족의 관계를 유지할 수 있게 되었다.

그린이네

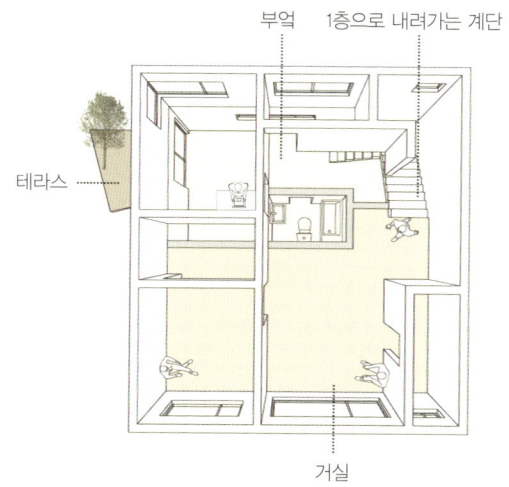

그린이네 내부 공간구성 (복층)

그린이네는 공용 계단을 이용하지 않는 독립적인 2층의 구조로 되어있다. 1층에는 전용 테라스 공간이 있고, 거실과 주방의 공간이 주를 이룬다. 2층에는 가족실과 침실 위주로 구성되어 있다. 사람들 대부분이 선호할 수 있는 단독주택의 복층구조를 가지고 있다.

이렇게 한집 한집의 바람과 집에 대한 요구를 조사하여, 그들에게 적합한 집의 크기와 위치, 향, 내부 공간을 제안하였다. 그래서 여덟 가구는 하나의 건물에서 어느 층, 어느 위치, 어떤 방식의 집을 소유할 것인가에 대한 이해 다툼이 생기지 않았다. 각각의 가구가 개개인의 장점과 매력을 발산하도록 설계되어 다른 집이 부럽지만, 그 집도 내 집을 부러워할 수 있는 매력과 장점을 가질 수 있었다. 그 결과 각 가정은 각자의 특성에 맞는 공간을 가질 수 있게 되었고, 원만하게 모든 가정이 만족할 만한 공간 분배를 합의하였다.

이 프로젝트의 진행 과정에서도 약간의 위기는 있었다. 설계 과정에서는 무심코 집 짓기에 참여하였다가 갈수록 집을 짓는 것에 대한 두려움과 모여 살아가는 것에 대한 걱정으로 진행을 멈춘 가족이 생겨났다. 그리고 시공 과정에서 추가로 참여한 가족과 기존 구성원과의 이견으로 한 가족이 결국 멈추게 되었다. 하지만 모여가는 집마다 개별적 권리와 등기가 보장되기 때문에 쉽게 양도, 양수할 수 있어 모여가와 잘 어울리는 새 가족을 쉽게 찾을 수 있었다. 물론 기존 구성원들과 가치관이나 생활의 방식이 비슷해야 하고 서로에 대한 배려와 모여 살기 위한 여러 규칙에도 동의해야 하지만, 결정적으로 아파트처럼 쉽게 매매할 수 있어서 구성원의 교체에 따른 물리적 제한은 없었다.

새로운 도시 주거의 대안으로

모여가는 기존 다세대주택이 가지고 있던 한계를 극복하면서 새로운 도심 주거의 대안으로 자리 잡았다. 그리고 자존감을 높여 줄 수 있는 건축이 그리 먼 곳에 있지 않다는 것을 보여주었다. 또한 건축이나 주거를 통해 자존감이 어떤 방식으로 채워질 수 있는지 가르쳐 주었다. 특히 기존 집들의 물리적 한계를 극복하는 방법과 이웃과 관계를 맺어가는 방법을 차근차근 찾아가면서 자존감을 채울 수 있음을 알게 해주었다.

다세대주택이 새로운 도시의 주거 대안으로 온전히 자리 잡기 위해서는 몇 가지의 건축적인 실천이 필요하다. 우선 많은 다세대주택의 한계로 꼽히는 좁은 대지의 문제는 내·외부에 작은 여유 공간들을 만들어주면서 해소할 수 있다. 특히 단지형 아파트나 마당이 충분한 단독주택과 비교해서 부족했던 어메니티[22](Amenity) 공간에 대한 아이디어가 될 수 있다. 다양한 건축적인 아이디어 공간은 협소했던 땅의 한계를 거뜬히 극복할 수 있게 해준다. 다시 말하면, 협소한 땅에서 한계를 넘어서는 건축적인 해법을 찾고, 작지만 더불어 누릴 수 있는 다양한 포켓 공간을 만들게 되면 집의 가치가 더욱 올라간다. 아울러

---

22 어메니티(Amenity)는 사전적으로 기능적인 면에서 생활에 편의를 제공하는 시설을 뜻한다. 하지만 건축가들은 사전적 의미를 넘어 도시나 건축이 적정하게 디자인되어 사용자에게 디자인적인 즐거움까지 제공한다는 의미로 사용한다.

자존감 건축

집의 가치가 올라가듯 이곳에 사는 사람들의 자존감 역시 되살아난다. 이렇게 건축을 통해서 만들어진 자존감은 선한 영향력으로 사회관계망에 전이되고, 우리의 삶은 풍요로워진다. 다음으로는 작은 공간에 거주하는 사람들에 대한 배려가 있어야 한다. 건축 아이디어로써 그들의 자존감을 높일 방법을 고민하고 실천해야 한다. 예를 들면, 진입구를 크게 한다든지, 채광과 환기가 잘 되는 큰 창을 만들어준다든지, 소소한 즐거움을 제공해 주는 유희 공간을 만들어주면 사용자의 자존감을 회복시키는 공간과 장소가 된다.

앞서 언급한 내용 이외에도 건축가들이 고민하면 더 많은 방법이 있을 것이다. 단독주택의 가장 큰 장점인 마당, 옥상, 테라스는 조금만 노력해도 손쉽게 구현할 수 있다. 이렇게 만들어진 모여가는 여태까지 자존감을 떨어뜨린 빌라를 넘어 마을, 타운하우스, 도시의 주인임을 느낄 수 있는 새로운 건축이 되었다. 그리고 이 사례처럼 동호인, 협동조합, 이웃, 형제간, 친지 간, 지인 간에 모여서 함께 집을 짓게 된다면, 아주 다양하면서 풍요로운 삶을 담는 좋은 주거로 진화될 것이다.

'모여가'는 일반적인 빌라가 아니며, 단독주택도 아파트도 아니다. 또한 타운하우스도 공유 주거도 아니다. 각자 소유한 재산이자 각자에게 맞춤형으로 제작된 단독주택이자 타운하우스이기도 하며, 동네이기도 하다. 특히 아이들의 친구, 형제, 자매가 가까이에 살 수 있는 새로운 형태의 도시주거 유형이다. 완공 후 여덟 가구 모두가 잘 지내고 있는 모습은 도시의 새로운 주거모델로서 그 가능성을 입증한 것이라고 본다.

옥상라움

롯데백화점

롯데호텔

6
—
다르게 보는 순간의 희열

옥상라움

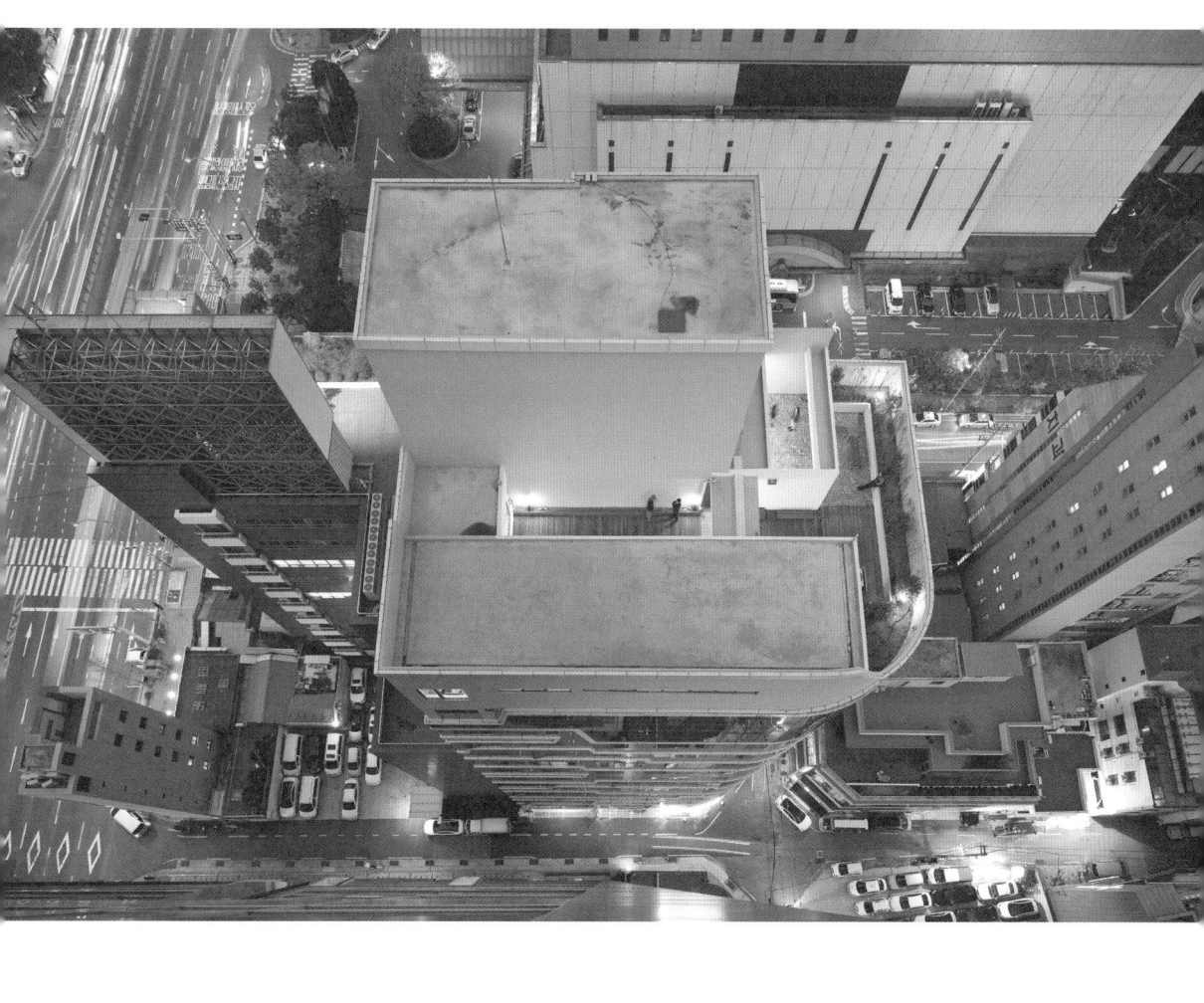

광고탑, 에어컨 외기, 그리고 녹색 우레탄으로 되어있는
여느 옥상과는 달리, 라움의 옥상은
도심 공간에서 좀처럼 보기 힘든 특별한 공간으로 변하였다.
옥상라움에는 마당과 사무실을 연결하는 처마가 있어 비를 피할 수 있다.
로비와 사무실은 공간적으로 연결되어 있지만,
옥상이라는 요소를 통해 내외부가 교차되는 방식으로 되어있다.
옥상라움의 마당은 방문자들이 가장 좋아하는 공간이다.

사무실 로비의 열린 창은 외부를 내부로 끌어들인다.
엘리베이터에서 내리면 처음 접하는 공간이다.
그래서 갑갑한 엘리베이터에서 내리자마자
탁 트인 시원함을 순간적으로 느끼게 된다.
공중에 매달린 구조물은 공간을 한정하고, 그림자를 만든다.
건축공간이 있음을 느끼게 하는 장치이다.

옥상라움의 마당에서는 온종일 안과 밖의 행동이 공유된다.
그렇게 안과 밖은 서로의 환경이 된다.
마당은 낮뿐만 아니라 밤에도 그 힘을 드러내고, 하늘을 담고 있다.

도심의 새로운 땅: 옥상

도시 대부분의 건축물은 옥상을 가지고 있지만 문이 굳게 닫혀있어 접근하기 힘들다. 지금까지 대부분의 건물 옥상은 물탱크, 광고탑, 통신사의 안테나, 그리고 에어컨 실외기 등으로 가득 채워져 있었다. 그나마 일부 건물에서 옥상을 이용하기 위해 조성한 것도 법적 기준을 만족시키는 조경과 아무런 역할을 하지 못하는 텅 빈 바닥뿐이었다. 특히 도시의 상업지역에 있는 건물들은 안전상의 이유로 옥상으로 향하는 통로나 출입문이 잠겨 있다. 일부 개방되어 있더라도 녹색 우레탄으로 칠해진 옥상은 밟으면 우레탄에 상처가 나 방수 기능이 떨어지기 때문에 사용을 장려하지 않는다. 오래전부터 옥상은 개인적으로 매우 아까워하던 건축공간이었다. 주변 건축가들을 만날 때면 "도심 가운데 서 있는 건물의 옥상을 빌려주면 그곳에 우리 사무실 사옥을 만들 수 있고, 컨테이너만 갖다 놓을 수 있어도 넓고 쾌적한 마당이 있는 사무실로 쓸 수 있는데…"라는 푸념 섞인 말을 자주 하곤 하였다.

나에게 도심 건물의 옥상은 '도심의 새로운 땅'으로 가치가 무궁무진한 공간이었다. 도심 상업지역의 건축물은 대부분 대지의 60% 이상을 차지하고 있고, 이렇게 땅을 채우고 있는 건물은 거의 모두 옥상을 가지고 있다. 옥상은 결국 '우리 도시의 절반에 가까운 새로운 가능성의 땅'이 될 수 있다. 그래서 나는 우리 사무실을 옥상에 만들고 그 가능성을 직접 실험하였다.

옥상라움

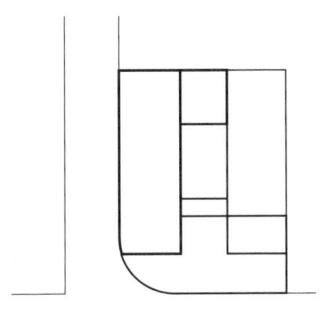

'옥상라움' 프로젝트는 상업용(분양) 오피스텔[23]의 시공과정에서 시작되었다. 분양을 목적으로 하는 오피스텔 설계가 시작되었고, 여타의 오피스텔과 마찬가지로 용적률을 최대한 확보하면서 수익성을 높이는 건축물이 목적이었다. 순조롭게 설계가 완성되고, 분양 후 공사가 진행되었다. 이 프로젝트를 설계하는 시점에 우리 사무실은 새롭고 조금 더 넓은 업무 공간이 필요하였다. 그래서인지 나는 사옥을 만들어서 사무실을 이전하는 꿈과 언제든지 기회가 오면 사옥을 지을 준비를 하고 있었다. 그러다 보니 그때 진행하던 모든 프로젝트 현장은 나만의 사옥 건설을 위해 지평을 넓히는 대상이었다. 특히 현장의

---

23 **설계** 오신욱, 노정민, 박정아, 하정운, 이영숙, 김대원, 유성철
대지위치 부산광역시 부산진구 부전동 **용도** 근린생활시설, 업무시설
대지면적(옥상바닥면적) 395.12㎡ **건축면적** 195.47㎡ **연면적** 195.47㎡

자존감 건축

입지나 규모가 좋았던 서면 오피스텔의 공사는 사옥의 여건으로 부러움이 생기는 곳이었다. 한참 골조 공사가 진행될 때, 평소 관심이 많았던 '버려진 옥상의 재활용'이라는 아이디어를 현장에 접목하였다. 위치도 좋고 옥상에 추가로 사무실을 지을 수 있는 틈새 면적도 적당해 우리가 사용할 회사의 사무공간을 추가로 만드는 계획을 짜고 제안하였다. 시행자를 설득하고 비용에 대해 합의하였다. 그 결과 버려져 있던 옥상을 저렴하게 분양받았고, 옥상에 라움 사옥을 추가로 설계하였다. 시행자들은 기존 사업성에 추가로 버려진 옥상을 분양할 수 있으니 추가의 수익이 발생한 것이고, 나에게는 평소 바라왔던 사옥의 꿈을 이룰 기회가 된 것이다.

설계 변경을 위해 필요한 주차 대수를 확보하기 위해 여유가 있던 주차타워를 사용하였다. 기존 오피스텔 모듈에 의한 기계적인 설비라인, 건축적인 공간 모듈에 대한 수정은 아래층에 영향을 주지 않는 범위에서 이루어졌다. 완공 후의 미려한 외관 모습을 만들어내기 위해 물리적 한계를 처리하는 몇 가지 테크닉이 설계 과정에서 필요하였다. 그리고 설계가 완성된 후, 기존의 시공사에 추가로 공사비를 지급하면서 원만하게 공사가 진행되었다. 준공 단계에서 많은 어려움이 발생했지만, 사옥 공간이 생긴다는 기쁨과 보람으로 충분히 극복할 수 있었고, 건축에 대한 나의 생각도 더욱 깊어졌다. 이 공간을 만들면서 평소 가지고 있던 공간에 대한 생각, 건축이 하늘을 담는 방법, 건축이 땅을 드러내는 방법, 그리고 긴장감 또는 호기심을 주는 건축 장치를 실험할 수 있었기 때문이다. 오랜 시간이 지난 지금도 이 공간을 만들 때 적극적으로 지지해 주셨던 시행자분들에 대한 감사의 마음이 매우 크다. 사옥을 짓는

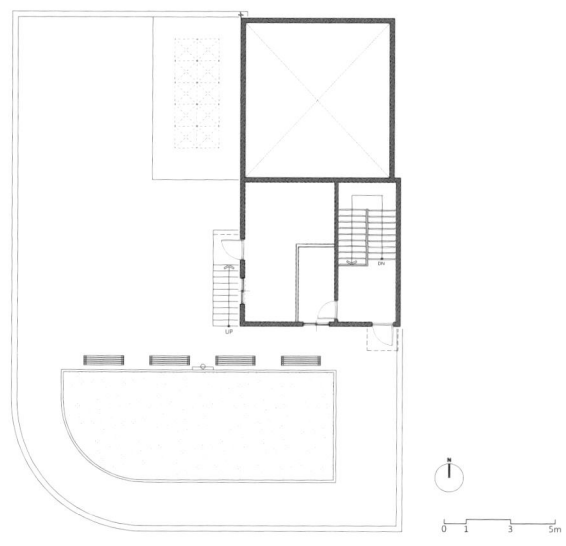

기존(변경 전) 옥상평면도

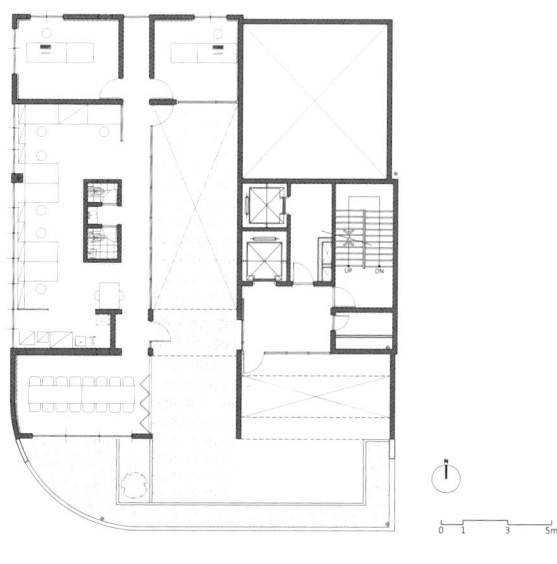

변경 후 옥상평면도

동안 나의 건축적 역량과 사유가 성장하였고 자존감도 올라갔기 때문이다. 그리고 건물의 이름을 우리 회사의 명칭인 '라움'으로 하자고 제안해 준 것도 정말 감사한 일이었다.

옥상의 변신과 활용

우리가 흔히 알고 있던 건물의 옥상은 쉽게 주목받지 못했던 자투리였고 위험한 곳이었다. 옥상의 공간을 활용한 사례도 옥탑방이나 놀이터, 휴게공간과 텃밭 정도였다. 그러나 우리 사무실은 이제까지의 소극적 활용의 한계를 넘어서는 변신에 주목하였다. 그리고 나는 이 공간의 성격을 '원래부터 옥상이었음'이 드러나는 장소로 설정하였다. 그래서 옥상 외부를 거쳐야 사무실 내부 공간으로 진입할 수 있게 하였다. 특히 사무실의 중심공간인 업무공간을 기존 건축물의 옥탑(엘리베이터, 주차타워)과 분리하여 이곳이 옥상임을 의도적으로 드러내었다.

이 공간은 하늘로 열려있기에 무한한 잠재력의 공간으로 존재한다. 특히 옥상임을 드러내는 외부 마당인 '아트스페이스'는 젊은 예술가들에게 전시공간으로 무상 제공하고 있다. 다시 말해 '옥상라움'은 버려져 있던 옥상의 변신과 활용에서 시작되었고, 미력하지만 전시라는 기능을 통해 공공성에 이바지하면서 세상을 향해 열린 공간이 되어가고 있다. 도심 건물에서 가장 폐쇄적인 공간인 옥상이 새로운 업무공간으로 변신하였고, 나에게뿐만 아니라 우리 사무실의 구성원들에게도 가장 큰 자존감의 매개체가 되었다. 그리고 넉넉한 공간 체험, 멋스러운 내부, 설계사무실에 최적화된 내부 공간은 이곳에서 일하는 우리들의 자존감을 한층 더 올려주었다.

몇 년 전 신입사원의 면접에서 우리 사무실에 지원하게 된 동기를 물었더니 "드라마에 나오는 멋진 디자인 회사 같은 곳에서 근무하는 로망이 있어요."라고 답하면서 사무실 공간이 예쁘고 좋다는 표현을 하였다. 이처럼 각자의 집만큼이나 오래 머물러야 하는 일터의 공간이 자부심을 느낄 수 있는 공간이라는 것은 일상에서 큰 의미가 있다. 그래서 이 공간은 직장에 대한 자긍심뿐 아니라 설계사무소로서의 자부심을 채워주는 충분한 역할을 하고 있다.

이 공간은 설계를 의뢰하기 위해 우리 사무실을 찾아 상담하러 오는 의뢰인들에게도 신선한 영향을 미친다. 처음 사무실에 들어올 때부터 공간의 경험을 통해 디자인된 분위기와 편안함을 전달받는다. 또한 상담 중에도 이 공간이 만들어졌던 과정과 옥상의 변신에 대한 아이디어는 자연스럽게 대화의 주제가 되고, 건축이 완성된 후의 공간을 연상하는 교재가 되기도 한다. 사무실 공간의 외벽 재료는 스타코나 흰색 색상에 대한 참조가 되고, 내부 공간에 적용한 재료와 각종 치수 그리고 다양한 층고는 설계를 진행하는 동안 실제로 만들어진 후를 연상할 수 있는 근거가 된다. 높이가 2.5m인 복도의 창, 3.8m 천장고의 소장실, 회의실의 크기, 화장실의 규격도 좋은 예시가 된다. 이렇게 우리 사무실 공간은 내가 건축하는 과정에서 항상 교훈이 되고, 실천과 실험의 대상이 되었다. 구성원들도 몸소 사용하면서 화장실의 최소 규격을 이해하고, 재료의 색상과 내구성에 대한 확신을 배우게 된다. 이 확신은 각자의 건축설계 과정에서 자신감으로 발전하고, 결국 우리의 자존감으로 연결된다. 그리고 방문객들이 건네는 공간에 대해 칭찬과 부러움은 매번 우리의 자존감을 올려준다.

가끔 "한국에서 제일 높은 곳에 있는 설계사무실이네요"라며

15층의 물리적 높이를 실감시키는 말을 듣는 경우가 있다. 대부분의 설계사무실은 방문이 쉽고, 간판이 외부에서 잘 보이는 저층에 있다. 그러니 15층에는 없을 것이다. 옥상은 물리적으로 실제의 땅과는 매우 단절되어 하늘 높이 수직적으로 먼 곳에 존재하는 특성(애로 사항)이 있다. 그래서 물리적으로 단절된 한계를 극복할 수 있는 건축적이고 공간적인 연결고리가 중요하였다. '어떻게 옥상까지 이용자들을 쉽게 접근하게 할 것인가?' 하는 문제 해법을 위해 고민과 연구를 지속하였다. 물리적 한계를 극복하기 위해 우선 15층의 바닥이 마치 1층의 마당처럼 인식되도록 조성하였다. 엘리베이터를 타고 올라왔지만 문이 열리는 순간 맞이하는 모습은 옥상이 아닌 마당이다. 그래서 찾아오는 사람들은 자연스럽게 마당을 통해 사무실로 들어오는 느낌에 젖어 든다. 그리고 이곳에서 근무하는 모두가 15층 높이임을 쉽게 느끼지 못하도록 외부 공간의 크기와 난간 높이를 조절하였다. 만약 외부 공간(마당과 중정)이 전면에 만들어지지 않았다면, 15층에 자리 잡은 사무실의 한계를 극복하지 못했을 것이다.

완공 후, 옥상에 조성된 이 마당 공간에서 무엇을 해야 할지 고민이 생겼다. 활용 방안을 고민하다가 '미술작가 릴레이 전시'를 개최하게 되었고, 결과적으로 건축가의 문화적 활동과 사회적 역할로 이어지게 되었다. 나에게 이 프로젝트의 시작은 '우리 사무실만의 작업 공간을 만드는 것'이었지만, 그 목적이 이루어지는 순간 최초의 목표를 넘어서는 일이 가능해졌고, 결과적으로 예술과 문화 활동이 이루어지는 공간으로 거듭났다. 즉, 공간을 만들어가는 건축행위가 나를 건축문화 활동과 건축가의 사회적 역할을 하도록 이끈 것이다. 내가 생각하지

옥상마당에서의 전시모습(김경화 작가의 비둘기)

못했던 문화 활동들이 무언가에 취한 듯 일어났다. 이것이 바로 건축을 통해서 자연스럽게 자존감을 채우는 과정이었을 것이다.

매일 이른 아침에 맨 먼저 문을 열고 들어오면서 보는 중정과 조용한 마당은 소리 없이 묵묵하게 나를 반긴다. 나는 그 순간이 가장 찌릿찌릿하다. 나는 들어가고 나가는 짧은 순간에도 나의 건축적 성과를 관찰하고, 또 다른 미래를 꿈꾼다. 이 공간은 도심 속의 새로운 땅이 되어 묵묵하게 나를 품고, 나는 매일 그 속에서 조금씩 안정을 찾아간다. 이 공간을 직접 사용한 지 수년이 지났지만, '옥상의 변신과 활용'을 통해서 얻을 수 있는 새로운 가치에 대한 확신은 시간이 갈수록 더 커진다.

지금은 '라움건축사사무소' 하면 옥상에 있는 사무실을 떠올릴 만큼 옥상 건축의 시도와 성과는 많이 알려졌다. 이 작업은 도심의 새로운 가능성으로 충분히 경제적, 의미적 가치가 있다. 그리고 도심의 부족한 땅과 부족한 경제력에서 촉발된 아이디어가 시도되고 완성되면, 부족함을 채울 뿐 아니라 새로운 자존감으로 성장할 수 있다는 그 가능성을 보여준다.

7
—
에필로그

자존감을 찾아가는 건축

이제까지 나의 건축 작업은 땅을 살피는 것에서 시작해 자연(하늘, 땅, 인간)과의 관계를 해석하고, 건축 공간과 사용자 그리고 주변의 관계를 새롭게 설정하는 것으로 마무리되었다. 그러나 일부 프로젝트에서는 건축적인 프로세스에 앞서 고민해야 할 것이 '집주인이나 건축물을 사용하는 이들의 자존감'이라는 사실을 깨달았다.

반쪽집의 작품 설명을 할 때면 "도로와 도시 그리고 땅의 경계면들을 들띄우면서 공간과 볼륨을 만들고, 건축공간을 통해 다양한 사회적, 인문적 관계를 맺어 주면서 이야깃거리를 만들었다."라고 설명했었다. 이 모호한 표현은 건축을 전공한 사람조차도 이해하기 힘든 내용이었다. 하지만 자존감이라는 주제로 이 글을 쓰면서 되돌아보니, 나는 처음부터 '재력이 부족한 집주인', '보잘것없는 땅', 그리고 '작은 건축물'에 대해 자존감을 세워줄 수 있는 방법을 찾고 있었던 것이다. 반쪽집의 탄생은 집주인의 주변과 일상으로부터 자존감을 회복하는 계기가 되었다. 그리고 집을 통해서 마을 사람들과의 소통 거리가 늘게 되었고, 출가한 자녀의 집을 방문하는 횟수도 늘게 되었다. 심지어는 지나가다 구경하러 온 분들에게 차를 대접하는 여유도 생겼다.

모닝듀와 비꼴로는 부산과 초량 지역이 있는 땅의 소리를 귀담아들었고, 지역의 역사를 존중한 결과물이다. 그래서 '역사와 경사 지형을 장점으로 만드는 건축'을 통해서 원도심의 잃어버린 자존감을 되찾을 수 있었다. 또한, 이 건축은 주변과 차별되는 흰색의 현대적 이미지에서 주변의 것이 침투하는 다공성까지 갖추면서 동네의 본보기가 되었다. 그리고 이 건축은 주변의 많은 이들로부터 관심을 받으면서 지역의 결핍을 채워주는 자존감이 될 수 있었다.

라움 사옥은 옥상임을 오히려 더 드러냄으로써 결핍을 극복하였다. 건축가도 때로는 숱한 고민에서 잠시 쉬고 싶어진다. 이 때 사무실의 공간은 나에게 치열한 디자인 결과물을 만들어 내던 공간에서 푸근한 쉼터로 변한다. 그것이 가능한 것은 공간의 힘이 우리의 마음에 영향을 주기 때문이다. 그리고 사무실 마당은 평상시 전시공간이 부족한 부산의 설치작가에게 전시공간으로 제공하면서, 새로운 관계가 맺어지는 장소로 성장 중이다. 이 공간에서의 경험으로 알 수 있듯이 자존감건축은 건축가와 이용자, 그리고 건축 공간이 서로 좋은 관계를 맺게 한다. 그래서 이곳은 서로의 존중을 위한 바탕이 된다.

이처럼 내가 생각하는 자존감을 찾아가는 건축이란, 시작하기 전부터 지역이나 땅 그리고 집주인이 가지고 있는 사정을 헤아리고, 행여 결핍이 있더라도 살피고 위로하면서 과정을 진행할 때 성립된다. 그리고 건축 이전부터 관계를 맺고 있는 주변의 모든 것을 존중하면서 완성해가는 건축의 방법이기도 하다. 이 과정에서 자신의 결핍을 극복하는 동시에 주변의 결핍도 완화시키는 데에 중점적인 가치를 두는 것이다. 무엇보다 중요한 자존감은 건축을 이용하는 우리의 이웃들이자 건물을 짓게 된 사연을 지닌 사람들 그 자체이다.

자존감 건축

나는 나름의 사연을 가진 이용자들이 자존감을 높일 수 있도록 건축적인 장치를 덧대는 방법을 실천하였다. 예를 들면 작은 집일수록 입구를 크게 보이도록 하고, 원룸의 작은 화장실은 조금 더 크게 만들어 이용할 때에 좁은 집임을 덜 느끼도록 하였다. 샤워하는 동안이라도 좁은 집임을 잊게 하고, 임차인들이 이용하는 어둡고 좁은 복도는 조금 더 넓고 밝은 공간으로 만들어 이용할 때마다 그들의 자존감이 떨어지지 않도록 하였다. 땅이 협소하여 어쩔 수 없이 좁은 계단을 만들어야 할 상황에서는 계단을 이용할 때마다 근사한 외부의 풍광을 볼 수 있게 하여 엘리베이터의 편리성에 대응하는 보상을 받도록 하였다. 또한 심리적으로 공간의 규모를 더 크게 느낄 수 있도록 다양한 창과 개구부를 만들어주거나 고층의 전망 좋은 아파트보다 근사한 하늘이나 도시에 대한 조망을 선사하면서 이용자들의 자존감을 지키려고 하였다. 그 외에도 재료, 색상, 형태 등 건축의 많은 요소를 자존감 회복이란 목적을 위해 탐구하고 적용하였다.

자존감을 찾아가는 건축을 시작하면, 도시는 그 지역만이 갖고 있는 기후, 햇빛, 바다, 지형과 함께 만들어 낼 수 있는 건축을 위한 최고의 캔버스가 될 수 있다. 그리고 이러한 건축 작업은 건축물의 색상, 재료, 형태로 실현되면서 도시에 새로운 감흥과 어메니티를 선물한다. 특히 부산의 특징에 적합한 건축이 더욱 많아질 것이고, 수도권의 거대도시에 뒤처지지 않는 도시적 자존감으로 완성될 것이다.

건축은 도시나 지역과 단절된 지점으로 존재하는 것이 아니라 새로운 공간이 되어 새로운 관계와 기억을 만들어주는 장소로 성장한다. 이렇게 성장하면서 자존감 있는 그 지역의 건축이 될 것이다. 그리고 자존감건축은 도시와 이용자의 공간적 관계를 맺어 주는 연결체가 될 것이다.

우리는 건축을 통해서 우리가 가진 결핍을 채울 수 있고, 그것은 개인적인 자존감에 큰 영향을 미친다. 특히 우리 사회에서 집의 의미는 매우 크기 때문에, 물리적인 공간으로서의 집뿐만 아니라 집을 짓는 과정에서 얻는 가치를 통해서 자존감이 올라갈 수가 있다. 그렇게 자존감을 고려한 건축을 경험하고, 이용하면서, 평소 결핍으로 억압된 것들이 서서히 풍요로움으로 변하는 것을 경험할 것이다.

내가 설명하고 있는 자존감을 찾아가는 건축이 아직은 미완성이라 할지라도 그 시도만으로 가치가 충분하다고 본다. 이 사회에서 우리가 가진 결핍(집이 없다, 사는 동네가 열악하다 등) 때문에 자존감에 영향을 받을 필요가 없다. 건축을 통해서 자존감은 회복될 수 있으며, 앞으로 많은 건축가들이 이를 위해 계속해서 시도할 것이다. 건축은 돈이 많고, 지위가 높고, 권력이 있는 사람들만 하는 것이 아니다. 소외된 사람들도, 교육의 기회를 받지 못한 사람들도 건축공간에서 살아가고 항상 건축과 함께 생활한다. 그래서 건축가는 작고, 힘들고 어려운 프로젝트에서 그 역할이 더 커진다. 특히 수도권보다 지방에서 이런 경우가 더 많다.

나는 건축으로 원도심의 잃어버린 자존감, 자본주의 사회에서 중산층의 자존감, 부산이라는 지역의 자존감, 못생긴 땅의 자존감, 그리고 지역 건축가의 자존감을 높여 왔다. 그러면서 개인적으로도 더 존중받게 되었다. 무엇보다 내가 '건축을 통한 자존감 회복'에 대해서 인식하고 있다는 사실만으로도 각박한 세상에서 건축가의 새로운 실천을 찾는 계기가 될 것이라 믿는다. 건축에 대한 올바른 이해와 그 중심에 있는 사람을 우선적으로 생각할 때 '자존감건축'이 가능하다. 자존감이 보장되는 건축은 우리 삶을 위로할 것이다.

추천의 글

자존감건축
: 느리지만 단단하게 사유하며 건축하기

건축가 오신욱의 작업은 정면이 없다. 아니 모든 면이 정면이다. 주변의 환경에 유연하게 적응하며 유연하게 변화할 수 있다. 그의 건축은 얼핏 억세고 거친 듯하면서도 들여다보면 늘 일관되고 섬세한 정서가 입혀져 있다. 자신만의 결을 지키는 단단함이 느껴진다.

오신욱 소장은 부산에서 태어나서 그곳에서 공부하고 그곳에서 일을 하며 부산의 정서와 지형 그리고 '부산의 언어'를 건축의 언어로 삼고 일하는 건축가이다. 수도권 집중이 유난히 심한 한국에서 마치 독립군이 고군분투하듯 치열한 건축을 하고 있다.

국가기관이나 공기업 이전 등을 추진하고 고속철도를 통해 물리적 거리를 좁히려는 노력을 하며 국토의 균형발전에 힘쓰지만 기대만큼 효과가 크지는 않다. 지역마다 동네마다 특별했던 장점들이 점점 희미하게 희석되거나 원치 않게 줄을 세우는 서열화도 진행된다. 각 지방을 대표하는 대학들이나 지역의 상권도 빛이 바래고, 각자의 개성이나 특성 혹은 그 지역만이 가지고 있는 정서적·역사적 배경을 내세우는 일은 아주 오래된 레코드에서 나오는 흘러간 추억의 노래처럼 들린다. 이건 모두 우리가 자랑스럽게 생각하고 전가의 보도처럼 마구

휘둘러대는 부동산과 교육 때문이다.

돌이켜 생각해보면, 어디나 그 지역만의 정서가 있었고 고유의 문화가 있었다. 더군다나 각 지역의 언어가 있었다. 그러나 지금은 언어조차 밋밋하게 쭉 펴서 굴곡이 없어졌다. 모두 한 곳을 바라보고 블랙홀처럼 빨려 들어간다.

이런 기현상 뒤에서 이익을 얻고 재미를 보는 소수가 있겠지만, 대부분의 국민들은 그 간극을 메우고 보상해야 한다는 것을... 아이엠에프나 금융위기 등의 여러 가지 역사적 경험을 통해 우리는 이미 알고 있다. 조화와 균형이 무너진 사회가 어떤 모습이 될 것인지.

그렇기에 자신의 자리를 지키고 자신의 지역에 기여하기 위해 많은 분야에서 노력하는 이들이 소중하다. 부산을 지키는 건축가 오신욱 소장은 〈자존감건축〉이라는 책을 통해 결핍과 한계를 극복하는 다양한 과정을 몇 개의 집을 지으며 겪은 경험으로 보여주고 있다.

자존감이란 자아에 대한 존중이며 늘 변하지 않는 자기 동일성을 전제로 한다. 지역이 가지고 있는 한계를 극복하려다 자칫 그 과정에서 자신을 잃게 되는 경우가 많다. 그러나 그에게 결핍은 한계가 아니라 그를 키워주는 자양분이 되고 있다.

그 얼마나 고단한 걸음일까.

그는 방법론으로 '들띄우기'를 이야기한다. '들띄우기'란 사물이나 현상을 낯설게 보기를 의미한다고 생각한다. 열악한 현실에 매몰되지 않고 세상의 여러 바람을 막아내며 대상을 실존적으로 바라보며 그에 대한 자신만의 시선을 갖겠다는 의지의 표현이기도 하다.

존재의 현재성을 바탕으로 한 그의 건축은 자존감을 회복하게 되는 것이고 그의 건축은 자신의 말투를 유지하게 되는 것이다. 또한 경상도 남자답지 않게 느리게 말하고 천천히 사유하는 그의 삶이 그대로 건축에 녹아들고 있다. 이 책에서도 그는 여전히 같은 말투로 찬찬히 우리에게 건축에 대한 그의 진심을 들려준다.

임형남 건축가

임형남

가온건축의 대표 건축가로, 노은주 건축가와 함께 부부 건축가로 활동하고 있다. 땅과 사람의 목소리에 귀 기울여 건축으로 빚어내는 것이 건축가의 역할이라 생각한다. 대표 작품으로 〈금산주택〉, 〈제따와나 선원〉, 〈루치아의 뜰〉, 〈언포게터블〉 등이 있다. 저서로는 〈집주인과 건축가의 행복한 만남〉, 〈서울풍경화첩〉, 〈이야기로 집을 짓다〉, 〈작은 집 큰 생각〉, 〈도시 인문학〉 등이 있다. 현재 EBS 교양 프로그램 〈건축탐구 집〉에 출연하여 집의 가치와 의미를 대중들에게 알리고 있다.

자존감건축

초판 인쇄 2021년 6월 21일
초판 발행 2021년 7월 1일

지은이 오신욱
편집 에뜰리에
디자인 김진디자인
사진 윤준환
자료제공 라움건축
도움 안재철, 이승헌, 고은지

펴낸이 윤경필
펴낸곳 주식회사 드림빅
등록 2021년 5월 10일 제 2021-000070호
주소 경기도 파주시 회동길 216(문발동)
전화 070-8802-5500
팩스 031-943-3038
이메일 dreambig5500@gmail.com

ISBN 979-11-974754-0-5 03810

* 값은 뒤표지에 적혀 있습니다.
* 잘못 만든 책은 구입하신 서점에서 바꾸어 드립니다.
* 이 책은 저작권법에 따라 보호받는 저작물이므로 무단전제와 무단복제를 금합니다.
* 이 책은 세종국어문화원의 우리말 검수를 받아 제작하였습니다.